中国地名研究所
China Institute of Toponymy

中国地名研究所　世界地名研究译丛

PLACE NAMES

HOW THEY DEFINE THE WORLD – AND MORE

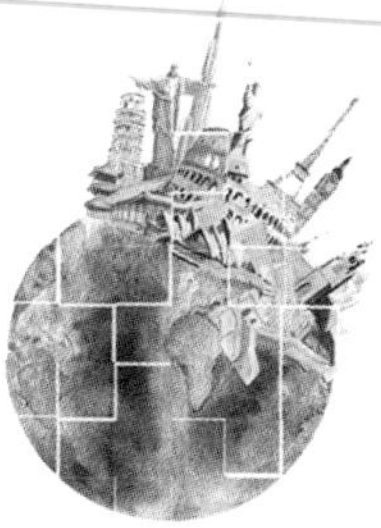

地名——不只定义世界

[美] 理查德·雷尼尔·兰德尔 著
高钰 车威 纪元 等 译

中国大百科全书出版社

北京市版权登记号：图字 01-2019-1959

图书在版编目（CIP）数据

地名：不只定义世界 /（美）理查德·雷尼尔·兰德尔著； 高钰，车威，纪元译. --北京 ：中国大百科全书出版社，2020.1
(世界地名研究译丛)
书名原文：PLACE NAMES:How They Define the World and more
ISBN 978–7–5202–0682–2

Ⅰ. ①地… Ⅱ. ①理… ②高… ③车… ④纪… Ⅲ. ①地名–介绍–世界 Ⅳ. ①K91
中国版本图书馆 CIP 数据核字 (2020) 第 014359 号

PLACE NAMES:How They Define the World and More by Richard R.Randall

地名——不只定义世界

著　者：[美] 理查德·雷尼尔·兰德尔
译　者：高钰 车威 纪元 等
责任编辑：郭继艳
责任校对：梁嫣曦
封面设计：滕思遥

出版发行：中国大百科全书出版社
地　址：北京市西城区阜成门北大街 17 号
邮　编：100037
网　址：http://www.ecph.com.cn
经　销：新华书店
印　刷：北京九天鸿程印刷有限责任公司
开　本：965mm×1270mm　1 / 32
印　张：6
字　数：175 千
版　次：2020 年 1 月第 1 版
印　次：2020 年 1 月第 1 次印刷
定　价：48.00 元
书　号：ISBN 978-7-5202-0682-2

中译本序言

现代社会使用标准地名进行高效的管理与交流，地名越来越受到社会各界的重视。作为地名研究所的科研人员，在工作的同时，传播推广地名知识逐渐成为我们的一个自觉行动。一些优秀的国外地名著作，由于语言隔阂，常被国人忽视，市面上也很少见到这类与地名有关的中文书籍。因此，当我们决定翻译并分享一些好的图书给读者时，感觉就像拿着一把钥匙，怀着激动的心情打开一扇尘封已久且无人踏足的宝库大门。总之，经过细致的挑选，这本美国人笔下的地名著作翻译出版了。

美国很早就认识到地名的重要性，早在19世纪晚期，便开始地名的系统化、规范化工作。在美国内战后，与西部地区勘探、采矿和居住地迁移相关的地图绘制和科学报告大量涌现。众多名称及其拼写和应用中不一致或矛盾之处成为制图者和科学家的难题，对地名标准化的需求与日俱增。最终在1890年，由当时的美国总统本杰明·哈里森签署命令设立了美国地名委员会。一个多世纪过去了，委员会几经改组，职责和范围都发生了变化，但它一直在美国国内与国际事务中发挥重要作用，同时也为美国企业的全球活动提供无可替代的支撑。

本书详述了地名（地理实体名称）是如何在个人、国家以及国际层面上发挥作用的。全书内容涵盖了地名的本质、作用、演变规律、对人类的影响，地名标准化的建立，冷战引起的地名问题，标准地名对美国外交机构、军事机构和情报机构的重要性，列举了各类地名的有趣事例等。此书关于地名的相关内容极为丰富，尤其是涵盖了对地名相关概念的介绍、对地名世界性问题的研究、对地名与人类之间关系的分析、地名在国际社会发挥的重要作用、地名标准化和规范化的重要价值。作为长期在美国地名委员会和联合国地名专家组工作的人员，作者以一名一线专家的视角，对地名涉及的多方面内容作了详略得当的解读，涉及地名、地理、制图、历史等，呈现给读者丰富多彩的内容。

本书的翻译由高钰、车威、纪元、赵琪、白珏共同完成，大家组成了一个翻译小组，先由个人分章节翻译，每人各负责全书的一部分，然后相互交换译文跨章审阅。译稿汇总后，高钰、车威等人在不同阶段通读全文，遇到不通畅或可疑之处再对照原文仔细修改。中国大百科全书出版社的编辑们也认真审校了书稿，为译文质量的提高做出很大贡献。由于本书的翻译由多人完成，为了保证全书的连贯、中文名词和术语的统一、文本格式的一致以及语言风格的协调，我们做了大量修改润色工作，必要时还增加了译者注等解释内容，文中渗透着大家在工作中对地名的理解。书中涉及的组织机构名称较多，翻译组对这些名称的中文译名做了认真考证，参考了全国科学技术名词审定委员会及一些职能部门的常见译名。

本书作为《世界地名研究译丛》之一，希望能够为推动我国的地名标准化工作发挥有益作用。无论是地理、地名、制图、语言、文化等方面的研究者，还是从事民政、规划、测绘等地名管理或应用工作的专业人员，抑或是对上述领域感兴趣的普通读者，都可以从书中找到感兴趣的内容。即使是作者着墨不多的一些关于各种奇特地名的解读，也值得翻阅一番。之后，读者一定会对地名如何重塑了这个世界有一个全新的认识！

本书英文版首次出版于2001年，距今已有十几年时间。物换星移，很多书中的场景已悄然改变，但全球化的脚步不仅没有停下来，反而越来越快，新兴技术的发展使地名的重要性更加凸显。正如作者所言，美国在地名研究领域处于世界领先地位。我们在翻译中也感到，美国数年来形成并坚持的地名管理、研究、数据处理等工作方式和对地名价值的理解，至今仍对我国地名工作有重要的参考意义。由于作者经历的事件很多发生于冷战时期，受政治观点、客观环境等复杂因素的影响，作者的描述可能含有一定的主观色彩。因此，译文并不代表译者和出版社的立场。也希望读者在阅读时结合实际情况，客观分析和甄别。虽然我们力图将作者所述内容尽量原本地呈现给读者，并为此查阅大量资料，做出大量努力，但是书中难免有疏漏，敬请广大读者不吝赐教。

译者

2019年11月19日

目 录

前言

我从小就对地理和地名感兴趣。我出生在俄亥俄州（Ohio）的托莱多（Toledo），附近流经的莫米河（Maumee）和曾经的伊利运河（Erie）深深地吸引着我。我时常会因为对俄亥俄州（Ohio）和加利福尼亚州（California）的某个地名感兴趣而去拜访住在那里的亲戚。我在晚年去了加拿大（Canada）、欧洲（Europe）、拉丁美洲（Latin America）和西南太平洋地区（the Southwestern Pacific）。日记中记载的地名总是能迅速勾起我对许多地方的记忆。另一个对我有特殊意义的地名是华盛顿州（the State of Washington）的雷尼尔山（Mount Rainier）。我的中间名也叫雷尼尔。雷尼尔山是以英国海军上将彼得·雷尼尔（Peter Rainier）的名字命名的，他是我家家族谱系中的一员。

在奥地利的福尔布莱特奖学金的资助下，我完成了地理学博士课程的研究。我研究的主题是"斯洛文尼亚南部少数民族与毗邻的南斯拉夫的领土合并现状"。多年来，这个民族一直致力于上述民族聚居区域的领土合并。在这两个国家的旅行，为我提供了一个有趣的视角，让我了解了地名与当地居民文化背景的关联性。毕业后，我成为一名分析专家，为美国中央情报局（CIA）研究东南欧的地缘政治。这之后，我成为兰德·麦克纳利（Rand McNally）公司的华盛顿地区代表，负责从联邦政府和其他机构获取地图等相关数据，以维持公司作为世界范围内一流私人地图制造商的地位。1973年，我被任命为国防制图局（DMA）的地理学家和美国地名委员会（BGN）的行政秘书，负责为政府从国内和世界各地收集准确的地名。我在这个岗位上做了20多年，其间，一直和9个官方机构保持联络。这些机构在地名委员会里都有专职人员。他们为我提供各自负责领域的专业知识，同时向我提出他们对于准确地名的明确需求。

与此同时，我还作为美国的代表，和联合国机构一起制订并实施各个国际地名方案。这项工作要求与冷战中的其他国家合作，包括苏联（the Soviet Union）及其加盟国。在某种程度上，达成合作是可行的。但为了达到美国政府的要求，我不得不针对专业人员和普罗大众发表大量论文，为专业杂志撰写文章和书评，与出版机构会面以及编写大量报告。在泛美历史地理学会（PAIGH）和国防制图局［1996年并入新成立的美国国家影像制图局（NIMA）］的支持下，我在1987年设计了一个为期两周的课程，教授拉丁美洲国家的代表如何进行地名标准化。之后的每一年（除了1988年），我都是这个项目的主要授课人，一直持续到1992年。在美国地名委员会官员和当地政府的领导下，这个课程项目每年都在举办。它是世界上唯一的地名标准化课程项目。

在我退休之际，尽管社会上已出版了大量的地名类书籍，但据我所知，并没有一本能够做到内容全面详尽。为此，我开始研究官方文件、私人记录和其他资源来源。与美国地名委员会及国内和世界其他机构工作人员多年的合作，使我能够接触到目前世界上关于地名的庞大资料库。我欣赏并感激地名工作者们写出的大量论文，它们在我的研究过程中为我提供了恰到好处的帮助。不过，尽管读者可以很轻易地从书中感受到这些论文对地名学所作的贡献，但我的初衷并不是写一部纯学术性的作品。

我要感谢国内外的多位人士，尤其是梅雷迪思 · F.伯里尔（Meredith F. Burrill）博士。他曾于1943年至1973年担任美国地名委员会的行政秘书。他一直担任着我的导师和好友的角色，直到1997年去世。他参与制订的多条地名规则，直到今天依然影响着美国地名委员会和联合国地名方案的设计和实施。除此之外，我要感谢美国地名委员会研究国内外地名的众多工作人员，包括美国地名委员会国内地名部前任行政秘书，唐纳德 · 奥尔特（Donald Orth）；美国地名委员会现任行政秘书兼国内地名部行政秘书，罗杰 · 佩恩（Roger Payne）；美国地名委员会外国地名部行政秘书，兰德尔 · 弗林（Randall Flynn）；和美国国家影像制图局科学语言学家耶德 · 昆廷（Gerd Quinting）。我还要感谢美国国家影像制图局和其前拉丁美洲分部，还有泛美大地测量局的支持。此外，我要感谢泛美历史地理学会在拉丁美洲地名标准化课程方面给予的大力支持。

我还要对与我合作过多次的众多外国地名专家表示感谢：曾担任英国地名常设委员会（PCGN）主席多年的H.A.G.刘易斯（H.A.G. Lewis）；英国地名常设委员会前任秘书保罗 · 吉兰（Paul Geelan）；以及英国地名常设委员会现任秘书保罗 · 伍德曼（Paul Woodman）。与来自加拿大的亨利 · 多里昂（Henri Dorion）和迈克尔 · 斯马特（Michael Smart）的合作同样使我获益良多。我还和很多其他国家地名机构的工作人员有过合作，包括联合国经济及社会理事会（ECOSOC）的人员，他们为推进地名标准化进程而组织召开各类大小会议，与他们的合作使我受益匪浅。

来自纽约州立大学宾厄姆顿（Binghamton）校区的凯尔茜 · 哈德（Kelsie Harder），一直以来都热心于美国专名学协会（American Name Society）的工作。她不仅在书稿的审校上给予我极大的帮助，还在书稿的内容方面提了很有价值的建议。我还要由衷感谢我的妻子，美国国立卫生研究院过敏和传染病研究所前办公室主任，帕特里夏·斯潘塞·兰德尔（Patricia Spencer Randall）。她提了很多建议以改善我的文风，花费大量时间帮我编辑书稿。她对我给予充分的包容，在很多需要我出现的场合，我却埋首于办公室。为了感谢她的这些付出，还有其他一些原因，我把这本书献给我的妻子。

理查德·雷尼尔·兰德尔（Richard Rainier Randall）

2000年10月于华盛顿

简 介

关于地名的书籍和文章有很多。参考书将国家和州的名称、起源以及不同时代可能出现的变化一一列出。旅游出版物中列出地名，是为了让人安排假期和旅行计划。学术文章讨论地名的语言和词源特性。商业出版物和学术著作阐述了地名如何演变为词汇的组成部分。出版社的文章往往诙谐幽默，出乎意料，标题吸人眼球。他们在处理地名时也有着不同的方法，通常会强调由于政治等因素产生的新地名如何给人们造成困惑。本书讨论了上述情况，同时对美国、其他各国以及联合国如何开展地名工作做了详细阐述。

过去十年里发生的事情戏剧性地证明了地名的动态本质，也向人们展示了主题众多却又各不相同的地名类出版物的价值。冷战结束后，产生了一批新的国家。随之而来的是国名的改变，这些国家根据自己的特点有了不同的国名。当读者在报纸媒体上读到发生在这些地区的新闻事件时，常常会因为陌生的国名而感到困惑。其中一个例子就是乌克兰 (Ukraine)。这个国家以前叫作 The Ukraine，1991 年从苏联 (the Soviet Union) 独立出来，之后它更改了本国百分之九十以上的地名。我们可以预见，这一改变将会对那些关注当地的人和关于该国的国际新闻造成多么巨大的影响。通常来说，人们会对这些新叫法感到一头雾水，直到逐渐熟悉。苏联的其他加盟国也经历了这一改变地名的过程，新的地名既反映了他们的民族语言，又映照出他们的历史起源。

地名改变也发生在世界上的其他地方。在印度 (India)，孟买 (Mumbai) 以前拼作 Bombay，马德拉斯 (Madras) 改为金奈 (Chennai)，缅甸 (Myanmar) 以前拼作 Burma。还有，柬埔寨 (Cambodia) 以前是 Kampuchea，扎伊尔 (Zaire) 如今改为刚果民主共和国 (the Democratic Republic of the Congo)。此外，事实上所有的民族都越来越多地根据语言的差异来识别文化群体，这可能会导致某些新地名的产生。南非 (South Africa) 目前已经确认了 11 种官方语言，为了在地名中体现出这些语言，他们正在打造新的地名。印度的语言达到 65 种之多，为此各地都可能有新的名称出现。随着人口的增加，新的居民点或城镇的形成，早已被接受的地名，其拼写也会发生改变，随之出现不同的地名。新出现的地名和正处于变化之中的地名是历史的一部分，贯通古今。

还有其他一些因素对消除地名混乱提出了要求。最大的问题是，许多地理实体有两个甚至更多的当地名称。除此之外，关于地名的信息记录过程一旦有纰漏，地名在不同国家就会有不同的形式。如果某个地名在地图或街道标牌上的定位不准确，也会出现问题。更甚者，不同国家用不同的语言出版地图或参考书时，地名可能会有不同的拼写。比如，英语国家的人带着英语地图去德国慕尼黑（Munich）旅游时，一定会感到困惑，因为按照路牌指示的方向，去的地方叫作München。

尽管地图或其他出版物上的地名可能会过时或者标记错误，但是多年以来一直都起着重要作用。人们将自身以及自身的行为活动与不同的地点联系起来，地名就成了识别这些地点的决定因素。许多地名变成了日常用语，人们反而忘记了它们最初是作为地名出现的。艺术家、诗人、作家和音乐家会将他们的作品与特定的地点联系起来。人们会因为联想效应而用地名为农业和商业产品命名。结果是，地名在各领域发挥的作用远远不只定义世界那么简单。

在这些事实背后有一个戏剧化的真相，是关于地名——或者地理名称——是如何在个人、国家以及国际层面发挥作用的。不仅如此，这一真相还详尽地描述了各个国家和国际组织由于多方面原因而尽力保持地名拼写和地理定位不变。早期贸易家和探险家绘制的地图并不精确，为后来的人们带来了很多不便。精确的地名有助于消除这些错误。这些地图常常会对同一地点标注不同地名，这给依赖地图出行的军事和科学远征队带来了极大的不便。当地图上或记录在册的地名标记错误或不当时，邮寄服务、土地测量以及行政工作和个人生活的许多方面都会受到严重影响。有的是港口翻译不当，有的是海岸线实体标记有误。总之，错误的航海图会给海上航行带来极大的危害。多个世纪以来，世界各国在这方面的例子有很多，本书重点讲述美国在这方面的历史。

大约150年前，美国发现，官方文件和联邦地图上有大量失准的地名和行政区划名，严重影响了美国的发展。1890年，美国成立了世界上第一个研究地名的机构——美国地名委员会（BGN）。为了消除随意命名和地名混乱的现象，确保官方文件将定位准确的统一地名记录在册，委员会确立了专门制订地名的程序。这些程序通常被称为“地名标准化”，其他国家也有类似的机构。1955年，联合国开始制订所有国家都适用的地名工作流程。联合国和其他国家机构关于地名标准化的研究成效显著。这些研究组成了本书的重要一章。

本书分为六个部分，内容涵盖了地名的背景、作用、演变规律，地名标准化的成就，冷战引起的地名问题，准确的地名对美国外交机构、军事机构和情报机构的重要性，关于地名的有趣事例，以及由于种种原因而必须做出调整的地名。本书还讨论了一些阻碍地名问题全面解决的种种因素。这些问题包括政治、语言、文化条件，以及许多政府缺少贯彻标准化的能力。尽管美国在世界地名研究领域处于领先地位，但它并未解决所有问题。

作者在调查研究的过程中，查阅了大量的资料，包括出版书籍、专业期刊文章、美国、联合国以及其他一些政府和国际组织的官方资料。还有大量资料来源于作者的个人收集。1973 至 1993 年期间，作者先是担任美国国家地名委员会的行政秘书，后来又在委员会的外国地名研究部门任职。在任职的大部分时间里，作者还作为美国首席代表参加联合国地名会议，参与联合国地名专家组的工作。这些资料都是他在此期间收集整理的。

到目前为止，本书对地名的多种属性和作用、对地名的处理程序，尤其是美国地名，都极具参考价值，同时也吸引了大批的读者。

书后索引并不包括正文中提及的数百个地名，因为这些地名主要是为表现主题而服务的，只具备很小或不具备额外的参考价值。索引中列出的地名和词条均是筛选后留下的重要条目，供读者参考。

机构名称简写

本书中会多次出现组织机构名称、政治团体名称和其他机构名称，通常，会在该名称第一次出现后用括号标注其缩略形式。因此，后文中再有提及就只会出现其缩略形式。然而，如果一个机构名前后出现间隔很久，后文中再次出现时也会写出全称。下面列出本书中出现的机构名简称，其中大部分都是美国的机构。

ACAN—Advisory Committee on Antarctic Names 南极地名咨询委员会（隶属美国地名委员会）

ACEF—Advisory Committee on Extraterrestrial Features 地外地理实体咨询委员会（隶属美国地名委员会）

ACUF—Advisory Committee on Undersea Features 海底地名咨询委员会（隶属美国地名委员会）

APC—Antarctic Place-names Committee 南极地名委员会（为南极地理实体命名的英国官方机构）

ATO—Antarctic Treaty Organization 南极条约组织（一个国际组织，负责处理世界各国在南极的科考活动）

BGN—Board on Geographic Names /the U.S. Board on Geographic Names 地名委员会，或美国地名委员会

CIA—Central Intelligence Agency 中央情报局

CPCGN—Canadian Permanent Committee on Geographical Names 加拿大常设地名委员会[2000年，加拿大常设地名委员会改名为加拿大地名委员会(GNBC, Geographical Names Board of Canada)]

DMA—Defense Mapping Agency 国防制图局（一个美国机构，主要负责军事地图和海图的绘制；1996年并入美国国家影像制图局）

DNC—Domestic Names Committee 国内地名分会（隶属美国地名委员会）

DOS—Department of Sate 美国国务院

ECOSOC—Economic and Social Council 经济及社会理事会（联合国内负责地名方案核准的组成机构）

FNC—Foreign Names Committee 外国地名分会（隶属美国地名委员会）

GNBC—Geographical Names Board of Canada 加拿大地名委员会

ICOS—International Committee of Onomastic Sciences 国际术语科学委员会（致力于研究各类专有名词）

IAU—International Astronomical Union 国际天文学联合会

IHB—International Hydrographic Bureau 国际海道测量局（负责开发海运安全标准）

NSA—National Security Agency 国家安全局（负责情报通讯工作的美国机构）

NATO—North Atlantic Treaty Organization 北大西洋公约组织

NIMA—National Imagery and Mapping Agency 美国国家影像制图局（成立于1996年10月，为美国军方和情报机构制作地图或海图；为美国地名委员会的外国地名分会、海底地名咨询委员会和地外地理实体咨询委员会提供支持）

PAIGH—Pan American Institute of Geography and History 泛美历史地理学会

PCGN—Permanent Committee on Geographical Names for Official British Use 英国地名常设委员会

SCAR—Scientific Committee on Antarctic Research 南极研究科学委员会（南极条约组织的组成机构）

STANAG—Standardization Agreement of NATO 北约标准化协议（涉及北约组织地图、海图和地名录中的地名）

UN or U.N.—United Nations 联合国

UNESCO—U.N. Educational, Scientific, and Cultural Organization 联合国教科文组织

UNGEGN—U.N. Group of Experts on Geographical Names 联合国地名专家组，简称专家组

USBGN—U.S. Board on Geographic Names 美国地名委员会

USGS—U.S. Geological Survey 美国地质勘探局（负责地理、水文和环境研究的美国机构；下设国家绘图部，为美国制作地形图，为美国地名委员会及其下设机构国内地名分会和南极地名咨询委员会提供信息支持）

第一部分

❖

地名的本质

在这部分内容中，作者通过对地名的解释，描述了地名的起源、功能和对人类的影响。从人类最早期开始，地名就起着描述自然世界和人类世界的双重作用，如地理范围有限的高山和城市，人们能够明显感受到它们具有的地理属性或行政管辖色彩。但除此之外，还有范围广阔的“地区”。地区内有各种各样的地理实体，内部环境和细节也千差万别。还应当注意到，人们之所以将地名标记在地图上，不仅是为了帮助读者认识这个地方，也是为了方便读者辨识与该地相关的其他要素。本部分主要阐述地名的本质这一主题，同时描述了地图和其他类似地理产品的本质和基本功能。

第一章

什么是地名？

定义和功能

从人类早期开始，人们头脑中就有了地名的概念。在成长的过程中，亲戚和朋友所居住的其他城市和国家会经常被提及。当地名作为时事新闻事件的一部分出现在头条时，它们会引起我们的注意。流行的电视问答节目常常会问参赛者各国首都名是什么。书本中也会讨论古怪而滑稽的地名。旅行者根据城市或风景区的名称计划行程路线。语言学家和学者研究地名的本质和历史。随便翻翻字典，你就会发现地名已经成为我们日常词汇的一部分。军事指挥官需要以地名为参考来实施作战计划。许多人对自己或祖辈的出生地怀有强烈的感情。一些国家和国际组织都有专门的程序确保地名拼写无误、定位精确。

地名在人类交往的许多层面都是不可或缺的，即使是地名发音也具有最基本的重要性，然而本书主要聚焦于地名的拼写和它的地理属性。从语言学的角度解读地名对地名研究很有帮助。语言是天生具有的技能，然而书写却需要后天的学习。[1]

是什么让地名变得重要？本书首先从定义和功能的角度回答这一问题。地名[2]是由一个或几个字组成，用以识别地球上的地理和行政实体，以及海底或宇宙其他星球上的地理实体。这样命名以后，地名就如同手、脚、肩膀或者其他用来识别身体部位的名词。然而，地名不只是用来表达地理实体类型的一个或几个字。有的国家的地名只具有专名，不包括可以表达地理实体类型的通名。[3] 在美国和许多其他国家，大部分地名都是由两个词组成，以表达更广泛的含义。一个词表达地理实体类别（如河流），另一个词作为专名将之与其他同类地理实体区分开来。与华盛顿特区相邻的波托马克河（Potomac River）就是一个很好的例子。事实上，地名就像人名。姓氏用来表明家族，名字用以和其他家庭成员进行区分。

地球上最主要的自然地理实体由地质作用或气候活动形成。地球表面的地理实体包括陆地、高山、海洋、湖泊、河流以及其他一些地理要素。它们的大小、形状、位置都可以标注出来，需要用地名进行区分。海底和其他星球表面的同类地理实体也需要用地名进行区分。

只有地球上才会有另一种地理实体是通过人类活动创造的，包括政治和行政区域，比如国家、省、区和城市。每一个都有鲜明的特色。

第三种地理实体包括各种自然或植物地理实体，比如一座沙丘，几处岩石，一片海滩，或者一棵树。我们可能会在当前或曾经的人类栖息地找到类似的地理实体。在没有文字的时代，人们也会给一些地方命名，比如为了庆祝某项活动，纪念一个宗教事件，或者达成某个文化目的。[4]

美国和许多国家的地名主要用于上述前两种地理实体。然而，有些国家会用地名来标识道路、桥梁、建筑物、农场、公园，以及其他一些人类建造的物理实体。他们的地图和参考资料反映了这些命名准则。虽然国际通用的标准化命名法已经应用于实践50多年了，许多国家仍然采用自己的一套命名准则。[5]

专家们认为，一个被命名的地理实体通常包括以下几个方面，坐标、大小、区域范围，以和其他地理实体区分开来。通常来说，地理实体不能太小，当以1∶25 000甚至更小的比例缩小在地图上时，要能清楚地标注出来。对面状地理实体（比如湖泊）和大多数的线状地理实体（比如山岭）而言，在确定地名前必须先确定中心点的地理坐标。[6]在为河流定坐标时，通常将河口（河水流入湖泊或注入另一个国家水流的地方）定为坐标点，因为中心点很难被找到。虽然大部分地理实体的地理坐标是固定不变的，且为人所知，但地理实体的形状和位置其实是会改变的。我们可以命名一座冰川，但它的体积可能会随着时间大幅缩小。同样地，一条河的流域和河口位置也会改变。

地图或许是最常见的识别地名的工具。[7]人们对地图最主要的需求就是可以根据地图轻易地找到被命名的地理实体，确定它的范围。有一个问题是，如何决定地图上到底该有多少个地名。随着地图比例尺的缩小，在地图上描绘同样区域的范围也会相应缩小，那些较小的地理实体和不太重要的行政区域将不会在地图上进行详细描绘，至多仅仅在图上标出名称，好让人们辨识此地。另一个问题是，在地图上印刷地名时，地名之间不能覆盖，也不能把一个地名标在其他地理实体的位置上而让人产生误解。有时候，地图标记了过多的信息，或标记的信息杂乱无章会让读者在寻找某个地点时感到混乱。确定每个地名在地图上的具体标注位置，是地图设计者或绘图者的职责。

不同地区的人们对地名的使用不同。在偏远落后或与世隔绝的地区，人们只用一个词来命名地点。当问到当地的一条河流名称时，他们可能会说“那条河”，因为当地人都知道这片地区只有一条河。但如果是在其他地方，人们会给某个大型的地理实体赋予不同的名称。比如，在偏远地区沿着一条河流分散居住的人们会给这条河起不同的名字。不同地区有不同的命名习惯，这一点无可厚非，但为需遵循国际惯例的政府机构带来了麻烦。因为，被普遍接受的国际惯例是，任何地理实体都只能有一个地名。[8]

地名的起源

毫无疑问，地名是语言的一部分，甚至可以说是最原始的语言。和如今一样，过去的人们需要知道特定地理实体的位置和属性信息。最早的人们会用声音，辅以手势来指明重要地点的方位，比如水源、敌人以及可食用的植物。随着文字的出现、人类活动与沟通范围的增大，人们在用声音表达地点的同时加入了文字的形式，即我们今天所说的地名。随着语言文字的飞速发展与传播，地名成为口头和书面交流中的独立成分。然而，今天一些没有文字的民族可以只依靠语言来表达地名。一个有趣的例子来自马来西亚（Malaysia）的特米亚人（Temiar）。特米亚人用含有地名的歌词传递信息，勾起人们对发生重大事件地点的回忆。[9]

大量的书籍和文章讲述了地名的起源，揭示了地名中的文化内涵。还有一些出版物讲述了政治、文化和语言学的改变引起许多地名出现不同的拼写，以及这一过程是如何发生的。《圣经》或许是地名书写的最主要来源，里面包含了3000年前，甚至更久之前，数百个历史事件发生的地点。今天也一样，知道某个历史事件发生的地点，可以帮助读者从地理、文化和历史环境角度出发，更好地理解该事件的历史意义。没有地名作参考，人们在面对历史事件和《圣经》预言时会一头雾水。尽管《圣经》中多处涉及地名，但《约书亚书》的第十二至十六章或许是提到地名最多的章节。

《创世纪》第二章中第一次引用圣经地名。詹姆斯国王版《圣经》中提到“耶和华在东方的伊甸（Eden）立了一个园子”（《创世纪》2:8）。“有一条河从伊甸流出来滋润那园子……从那里分为四道”（《创世纪》2:10）。“第一道名叫比逊（Pison），就是环绕哈腓拉全地的”（《创世纪》2:11）。“第二道河名叫基训（Gihon）……它……就是环绕古实全地的”（《创世纪》2:13）。“第三道河名叫希底结（Hiddekel）……流在亚述（Assyria）的东边。第四道河就是伯拉河（Euphrates）”（《创世纪》2:14）。

以色列地名教授纳夫塔利·卡德蒙（Naftali Kadmon）注意到，《圣经》中提到的这些地点，只有两个可以在今天找到。[10]古实（Ethiopia）所在的位置靠近今天的埃塞俄比亚。伯拉河即今天的幼发拉底河。《圣经》中还提到了许多其他地方，也都能在历史上或今天找到对应的地点。最新的消息是，《圣经》中提到的很多地方都在以色列及其周边的一些国家。

在中东地区[11]，各国一直在努力保护当地地名，以符合其语言和文化偏好，即使有的地名今天已不在这个国家所辖的领土范围内了，但他们宣称自己拥有保护这些历史地名的权利。对地名的争夺引起了以色列和它周边国家的争端与冲突。[12]

地名的种类

研究者们对地名起源的背景材料做了长久的调查，得出了地名是人类实践活动的结果。几个作家在地名起源和其他一些材料的基础上，发展了地名的分类。正如预期的一样，他们的发展成果有很多类似的地方。乔治 ·R. 斯图尔特 (George R.Stewart) 在他的经典著作《世界地名》(*Names on the Globe*) 中，将地名分为两大类。[13]一类是“演化型”地名，它们由简单粗糙的地名发展而来，以识别对当地人可能比较重要的地理实体。另一类是“授予型”地名，来自一些主动的命名行为。根据以上两种分类，斯图尔特将具有特殊来源的地名分为十大来源。(下面，作者会对这十种地名进行描述，并主要以美国境内的地名为例进行介绍。当然，将地名分类介绍的例子还有很多。)

联想型地名。指的是一个地理实体与另一个地理实体有地理或天然的联系。比如，密西西比州因密西西比河而得名。另一种情况是，一个地理实体因它附近的某种生物而得名。笔者 1992 年曾在巴西教授过地名课程。一位历史学家曾在课堂上提出，一本文学作品中描述了某个地方的人用一种蝴蝶的名字给一座山命名。

纪念型地名。为了纪念某个人，而用他的名字为地理实体命名。比如，为了纪念乔治 · 华盛顿，很多地方都被叫作华盛顿。

褒奖型地名。为了褒奖某人或某事，而用其名字为某地命名。如地名宾夕法尼亚州 (Pennsylvania) 英文名称中的 Penn 来自人名威廉 · 佩恩 (William Penn)，就是为了感谢威廉 · 佩恩为宾夕法尼亚州的建立所做的贡献——他鼓励人们来此地定居。

描述型地名。指的是地理实体看起来像某样东西。比如在墨西哥，有一座山一侧像一个卧地而死的人，这一侧山被人们叫作埃尔穆埃尔托 (El Muerto)，意思是“死了的人”。有趣的是，这座山的另一侧由于形状不同，而有另一个完全不同的名字——埃尔皮卡乔 (El Picacho)，意为“山顶”。

词源通俗化地名 (folk-etymological，指地名经过了演变的过程，人们将一个不熟悉的词变成比较通俗的形式。——译者)。随着时间的推移，地名的拼写和含义都会发生改变，因为后来的命名者无法理解前人所命名地名的含义与拼写。比如亚利桑那州 (Arizona) 的皮克特怀尔河 (Picketwire)，以前以法语命名，叫作珀加图瓦尔河（Purgatoire）。这样的例子在美国还有很多，因为英语国家的探险家和殖民者会将自己听到的地名用英语记下来。

事件型地名。因某事件而命名的地名。一个值得注意的事件发生在这个地方或发生在这个地方附近，因而形成了地名。例如亚拉巴马州（Alabama）的里福姆(Reform)，是因为这里多次发生宗教“改革”(reform）活动而得名。

重构型地名。两个或两个以上的地名或词语组合在一起形成新的地名。比如，特克萨卡纳（Texarkana）是由得克萨斯州（Texas）、阿肯色州（Arkansas）和路易斯安那州（Louisiana）三个地名中的部分字母组合而成。

错误型地名。指历史上因屡次拼写错误或其他原因而使拼写发生过多次变化后形成的地名。比如英国的剑桥河(Cambridge River)，早期有三个不同版本的拼写形式。

归属型地名。表示所属关系的地名。指该地理实体是一片领土的组成部分，这片领土由某个人所有或管理。例如，弗吉尼亚州有一个叫作雷斯顿（Reston）的社区，靠近华盛顿特区，之所以命名如此是因为这个社区是由一个名字首字母为R.E.S的人发展而来的。

转换型地名。指的是将一个地理实体的地名用于另一个地理实体。例如，在密歇根州有一个叫作大急流（Grand Rapids）的水文地理实体，在该地附近发展起来的城市因此叫作大急流城（Grand Rapids）。

由于错误而形成的地名有着特殊的起源。墨西哥的导游在带领游人参观时，经常会讲关于尤卡坦（Yucatan）的故事。据说，曾经有一位西班牙探险家来到尤卡坦半岛（Yucatan Peninsula)，问一个当地人这是什么地方。这个当地人用当地话说“我听不懂你在说什么”，听起来像是“尤卡坦”，于是探险家就将“尤卡坦”当作地名记录下来。还有一个地名故事是关于加拿大（Canada）的。一位葡萄牙船长在海上航行到今天的加拿大西北海岸线时，看到岸上光秃秃的，就在自己的航海日记上记下Ça nada，意思是“这里什么都没有”。从某种程度上来说，这个表达和加拿大现在的国名已经相差无几了。

还有一种地名分类是“迁移型地名”，由于人口迁移而形成。当人们局部或整体性地取代某一个地方的人，搬到这个地方居住时，他们会用家乡的地名来为这个新地方命名。这些新的地名可能是他们家乡的地名，也可能是全新的地名。这些地名反映了迁入文化族群的语言和习俗。维京人入侵英格兰时，带来了大量的维京地名。而且，维京文化还影响了英格兰原有地名的拼写。这些地名可以分类到“授予型地名”里，尽管命名的过程可能不够正式。

在过去几十年里，“政治型地名”对地名发展有很大的影响。这类地名类似于上文所说的“褒奖型地名”，但细分为两种情况。首先，政府可能会用人名或重要事件来为一个新的城镇命名。其次，新的政权可能会重新命名已有的城镇、行政区和其他地理实体。确立新地名的目标不外乎以下几种：消除旧地名在各领域的影响，抹去差强人意的旧当局的势力，普及新的理念或纪念政治领袖，从而提升新政府的权威性。20世纪80年代末期，随着苏联的解体，东欧各加盟国不再属于共产主义阵营，国名、地名也随之改变。许多市镇、地区和自然地理实体纷纷改回了加入共产主义阵营之前的名称。在脱离苏联之前，很多加盟国已经开始重新使用以前的地名。某些地名反映了当地语言。在苏联时期，这些语言都被苏联政府的官方语言所替代。这些地名的变化过程，也属于“授予型地名”的一部分。

政治因素对地名的影响随处可见。以尼加拉瓜 (Nicaragua) 为例。桑地诺的支持者接管了尼加拉瓜以后，取消了索摩查政权时期的地名，改用新的亲共政权喜爱的地名。1989年，桑地诺政府被推翻，新政府开始了新一轮的命名，既不亲索摩查政权，也不亲共产主义。从那时起直到现在，每当有新的国家成立，就会有新的政治和文化形态出现，随之而来的是地名的改变。在这种情况下，曾经的地名就有可能会被重新使用。

不管是一个地方、一个地区、一个国家还是全世界，保持地名不变或相对稳定对沟通交流的各个方面至关重要。但是，人为因素会继续引起地名的改变，伴随而来的是困惑和混乱。

注释

1. 来自1999年6月29日与美国专名学协会永久会员凯尔茜·哈德 (Kelsie Harder) 的私人通讯。对语言学家而言，“语言”可能只是一种口语现象。口译中不包括语言的任何书面表达形式，但还是可能会被当作“书写系统”。本书按惯例，从口语和书面两个角度讨论“语言”。然而，无论从哪个角度出发，都是为某个特定主题服务的。

2. Place names，Geographic names，Geographical names，Toponyms 都可以用来表达地名。本书主要用Place names 来表达地名，也会使用其他表达形式。第十一章“地名术语”中，详细介绍了地名的相关术语。

3. 第十一章介绍了地名的两大要素：“专名”(用来识别具体地理实体) 和“通名”(地理实体类别)。

4. R.D.K. 赫尔曼 (R.D.K. Herman)：《阿洛哈州：地名和夏威夷的反叛》(“The Aloha State: Place Names and the Anti-Conquest of Hawaii”)，《美国地理学家协会年鉴》(*Annals of the Association of American Geographers*)，1999年3月，第76-

102 页。参考M.K.蒲葵 (M.K. Pukui)、S.H.埃尔伯特 (S.H. Elbert) 等，《夏威夷的地名》(*Place Names of Hawaii*)，第2版，火奴鲁鲁：夏威夷大学出版社，1974。作者引用这些惯例。通常而言，只有不识字的人会这样命名地名。文章同样描述了来自西方的迁徙者如何用家乡的地名为当地命名，以至于忽视了一些小地方的已有地名。

5. 1955 年，联合国着手制订一套各国都适用的方案，旨在发展通用的地名命名规则。第九章“联合国致力于消除地名混乱”将会对这一方案进行讨论。

6. 许多地图册都有地名索引，包括地理实体中心点坐标。地名录是关于地理坐标和其他地理信息的有效资料，根据字母顺序将地名进行排列。第十三章“地名录”将会讨论这一主题。

7. 第三章“地名对地图的重要意义”将会详细介绍地图和地名信息。

8. 联合国一直致力于实现这一目标。这一做法的好处毋庸置疑，但是也有不断增加的证据表明，一些社区——尤其是本土的社区——希望原本的地名和所谓的官方命名同样有效。

9. 马瑞娜·罗斯曼 (Marina Roseman) :《山水歌者》(“Singers of the Landscape”)，《美国100位人类学家》(*American Anthropologist 100*)，1(1998):106-121。

10. 来自纳夫塔利·卡德蒙 (Naftali Kadmon) 教授的信函，希伯来大学，1995年2 月3 日。

11. 第二章“区域地名”讨论了中东和其他地域名称。

12. 第六章“那个地方到底在哪里？”讨论了有争议的地名。

13. 乔治·R.斯图尔特 (George R. Stewart)：《世界地名》(*Names on the Globe*)，纽约：牛津大学出版社，1975，第74-84 页。

第二章

区域地名

国际区域地名

尽管定义的方式不同，但区域地名也是地名的一种类型。区域地名所涵盖的范围和属性或许不太确切，而且人们对它们的定义也随着时间逐渐改变。即便如此，区域地名依旧对人们的沟通交流影响深远。区域地名分为几大种类。国际区域地名包括阿尔卑斯山脉（the Alps）、加勒比海（the Caribbean）、欧亚大陆（Eurasia）、美拉尼西亚（Melanesia）、密克罗尼西亚（Micronesia）、波利尼西亚（Polynesia）、大洋洲（Oceania）、环太平洋（Pacific Rim）等。由于地理位置接近，或者历史上具有关联性，它们共有的名字就成了识别这些区域的重要标识。区域地名也可以解释几个国家具有的关联性。从区域地名可以看出一些国家在地理上的联系。人们需要一个专用词来指代某一特定区域的两个或几个国家，于是创造了区域地名。典型的例子是北美洲（North America）、中美洲（Central America）、南美洲（South America）、欧洲（Europe）、西欧（Western Europe）、斯堪的纳维亚（Scandinavia）、波罗的海（Baltic Sea）和东南亚（Southeast Asia）。

作为区域地名，美洲（America）分为北美洲（North America）、中美洲（Central America）和南美洲（South America）。北美洲包括加拿大（Canada）、美国（the United States）和墨西哥（Mexico），中美洲包括伯利兹城（Belize）、哥斯达黎加（Costa Rica）、萨尔瓦多（El Salvador）、危地马拉（Guatemala）、洪都拉斯（Honduras）、尼加拉瓜（Nicaragua）和巴拿马（Panama），南美洲包括巴拿马以南的所有国家。

有一些区域地名是在人们的旅行探险活动中形成的。这些区域地名出现在早期西欧旅行家、探险家和军事远征队的报告中。报告中通常会指出这些区域相对于欧洲的方向位置。因此，这些区域地名中通常会有“东南”“东南方”之类的指代性字眼。“东方”通常是指，以英国格林尼治子午线为0度，大约东经80度或更靠东的地方。“西方”指西半球和西欧地区。用方向词区别世界上的所有地区很容易引起混乱，因此，这类地名变得越来越少。

以美国的视角来看，一趟向西的旅行却来到了“东方”，这好像对人们基本方位的理解造成了困扰。这里的“东方”是一个传统区域地名，包括中国（China）、日本（Japan）、韩国（South Korea）、朝鲜（North Korea）和这一带的其他国家。美国曾经有一条称呼自相矛盾的空中航线—东方西北线。[1]

由于中东、东南亚等区域地名在媒体界被广泛使用，大约十年前，美国地名委员会（BGN）[2]开始尝试对这些地名和一些类似地名进行界限的划定。这些区域地名来自不同的渠道和系统，被学者、图书馆和政府机构广泛使用。问题随之产生。北非可能会被划分为包括埃及（Egypt）、利比亚（Libya）、摩洛哥（Morocco）、阿尔及利亚（Algeria）和突尼斯（Tunisia）在内的地区。[3]但是摩洛哥提出疑问，位于非洲西部边界的西撒哈拉（Western Sahara）是否也应该被包括在内呢？中东包括伊拉克（Iraq）、伊朗（Iran）、以色列（Israel）、黎巴嫩（Lebanon）、巴勒斯坦（Palestine）、叙利亚（Syria）、土耳其（Turkey）和阿拉伯半岛（Arabian Peninsula）的国家［巴林（Bahrain）、约旦（Jordan）、科威特（Kuwait）、黎巴嫩（Lebanon）、阿曼（Oman）、卡塔尔（Qatar）、沙特阿拉伯（Saudi Arabia）、阿拉伯联合酋长国（the United Arab Emirates）和也门（Yemen）］。[4]远东地区主要指中国和日本，有时候也包括韩国和朝鲜，但何为近东呢？有一段时期，近东是指阿尔及利亚、利比亚、摩洛哥和突尼斯等国，但是如今这个词很少被提及。另一些具有方向性的地名包括东南亚（Southeast Asia）和西南太平洋（Southwestern Pacific）。

对这些区域进行界限划定并不是一项容易的工作。而且，美国各界对区域界限划分意见不一。比如，美国国务院有一个部门叫欧洲部，加拿大也在它的责任区内。这很明显和加拿大的地理位置相矛盾，这样划分是为了方便部门管理。联邦的其他一些部门也有类似的情况。不同的划分标准使得地名委员会精确划分地名区域界限的工作举步维艰，最后不得不放弃这一项目。然而，人们一致同意这种指代广泛的区域性术语可以适用于某一个核心地区，或者集中在一个特定的国家，然后向外拓展到其周边的部分或全部国家。因此，如果以科威特为中心，上面提到的地区就都可以划分到中东范围内。此外，各个国家可以被划分到不同的区域范围内。

关于区域争议的一个实际案例出现在1996年，华盛顿郊区的一些律师们试图弄明白远东地区究竟包括哪些国家。问题出在一家饭馆的租约合同中，合同要求饭馆提供的远东地区食物中要包括越南菜。研究表明，传统意义上的远东地区指的是中国和日本，有时候韩国和朝鲜也会包括在内。但近来的说法是，远东地区应该将菲律宾（Philippines），泰国（Thailand），越南（Vietnam），甚至印度尼西亚（Indonesia）也囊括在内。尽管没有一个明确标准，但这家饭店很显然能够区分世界各国的不同食物。这么看来，远东应该包括范围更大的地区。据此推断，这家饭店会提供越南美食。[5]

另一个地理界限模糊的区域是撒哈拉以南（sub-Sahara）。从字面意思看，撒哈拉以南包括撒哈拉沙漠（the Sahara Desert）南面所有的非洲国家和地区。但是，很难说清楚莫桑比克（Mozambique）和南非共和国（the Republic of South Africa）是否包括在内。

还有两个一度被广泛使用的区域地名，分别是美索不达米亚（Mesopotamia）和黎凡特（Levant）。美索不达米亚（Mesopotamia）通常是指底格里斯河（Tigris）和幼发拉底河（Euphrates Rivers）流域的国家和地区。黎凡特是一个传统地名，指的是从希腊（Greece）到埃及（Egypt）之间的地中海（Mediterranean）东部沿海地区。

国家内部区域地名

和其他国家一样，美国也有许多区域地名。尽管这些地区名称界限模糊，但仍发挥着识别作用，被人们广泛使用。事实上，美国通常被分为四大地区：东部地区、南部地区、中西部地区和西部地区。其中又有一些范围比较小的区域：东北地区、中大西洋地区、西南地区和西北地区。这些地区没有明确的定义。美国（也会涉及加拿大）境内的其他一些地区名称，如下所示：

阿巴拉契亚山脉（the Appalachian Mountains），呈东北—西南走向。山脉主体位于美国境内，起于佐治亚（Georgia），经过新英格兰（New England），延伸至加拿大的盖斯佩半岛（Gaspé Peninsula），由平行山岭、山谷、横谷和低地地区组成。阿巴拉契亚山脉的中段叫作阿巴拉契亚（Appalachia），以其简朴的田园生活闻名。

大平原（Great Plains），位于美国和加拿大境内，地势平坦辽阔，落基山（the Rocky Mountains）东麓的大部分区域都被包括在内。北边延伸到加拿大地盾（the Canadian Shield），即加拿大麦肯齐河（Mackensie River）三角洲地带，南抵得克萨斯州（Texas）南部。

中西部（Midwest），主要指阿巴拉契亚山脉与密西西比河西岸之间的沿岸诸州，包括密西西比河的支流——红河，接近北纬30度。一般认为中西部包括俄亥俄州（Ohio），印第安纳州（Indiana），密歇根州（Michigan），伊利诺伊州（Illinois），威斯康星州（Wisconsin），明尼苏达州（Minnesota），艾奥瓦州（Iowa），内布拉斯加州

(Nebraska)，有时候也会将密苏里州（Missouri），北达科他州（North Dakota）和南达科他州（South Dakota）包括在内。有意思的是，有一个词叫“远西”(Far West)［如今这个词已经被西部 (West)所取代］，却没有“近西”(Near West)的说法。“Midwest”(最初写作“Middle West”）这一叫法最先是由阿巴拉契亚山脉当地人提出的，他们从山脉东麓搬到了如今的西部——过去为了对比，叫作“东部”。由于人们是不断向西迁徙，于是顺理成章地使用“西部”这个词，后来逐渐演变为“中西部”。

新英格兰（New England），由缅因州（Maine），佛蒙特州（Vermont），新罕布什尔州（New Hampshire），马萨诸塞州（Massachusetts），康涅狄格州（Connecticut）和罗得岛州（Rhode Island）组成。这一地区有许多英国移民，由此得名。

南部（The South），包括弗吉尼亚州（Virginia），西弗吉尼亚州（West Virginia），肯塔基州（Kentucky），田纳西州（Tennessee），北卡罗来纳州（North Carolina），南卡罗来纳州（South Carolina），佐治亚州（Georgia），亚拉巴马州（Alabama）和密西西比州（Mississippi）。佛罗里达州（Florida）不属于南部。

由于商业、农业、文化因素而形成的地名，如下所示：

圣经地带（Bible Belt），指的是在南方某些地区，保守派基督教徒占很高比例。

玉米地带（Corn Belt），指的是中西部几个出产玉米的州，其玉米产量在全国总产量中占很大比例。

钢铁地带（Iron Belt），指的是美国过去的主要钢铁产区，包括宾夕法尼亚州（Pennsylvania），俄亥俄州（Ohio），印第安纳州（Indiana），伊利诺伊州（Illinois）和新泽西州（New Jersey）的部分地区。(随着经济方式的转变，钢铁地带不再是美国金属材料的主要产区。)

铁锈地带（Rust Belt），由于美国钢铁产业的衰退，曾经的钢铁地带（Iron Belt）成为铁锈地带。

硅谷（Silicon Valley），位于加利福尼亚州旧金山南部，最早是生产以硅为原料的芯片，后来由于发达的计算机产业而闻名于世。

除了美国之外，世界各国都有很多区域地名，虽然这些地名可能并不会被收录进国家地名列表或地名录。[6]随着政治和文化境况的变迁，这些地名可能会被新的地名所取代。

不管是在本国还是在国外，世界上几乎所有国家的人，都会有一个明显的地域标签。在美国，一个人可能会被叫作“南方佬”“新英格兰人”“缅因州人”“北达科他州人”，或其他一些对应地名的称呼。

区域地名和其他这类名称，都需要划定范围，尽管这些地区的界限模糊，而且经常变化。地名是沟通交流的基本要素。在进行人种识别时，经常会将国名与该区域的原始人种联系在一起，这是合理正确的识别过程。尽管这一过程对地域识别很有价值，但有时候并不准确。当前世界人口流动频繁，人们很难对一个地方产生地理归属感。在第四章“地名传递信息”中，会对这个问题进行详细阐述，包括双重区域地名是如何在识别人们的地域身份时产生问题的。

庞大的水域

地名也可以用于区分大洋、大海、港湾、海湾和其他水域广阔、流经两个以上国家的水体。因此，太平洋（the Pacific Ocean），大西洋（the Atlantic Ocean），白令海（the Bering Sea），地中海（the Mediterranean Sea），阿拉伯海（the Arabian Sea），比斯坎湾（the Bay of Biscayne），墨西哥湾（the Gulf of Mexico）等水域名也可以用作地名。这些地名大部分都有很多年的历史，不会轻易变更。然而，就像第六章“那个地方到底在哪里？”中所提到的，大约十年前海湾战争期间，人们讨论过是否将波斯湾（the Persian Gulf）改名为阿拉伯湾（the Arabian Gulf）。此外，美国地名委员会曾在1999年投票，决定按照国际惯例，将环绕南极洲（Antarctica）的海洋叫作南大洋（Southern Ocean）。美国地名委员会过去认为，这片分布错乱的特殊海域是南太平洋（the South Pacific）或者南大西洋（the South Atlantic）或者印度洋（the Indian Ocean）的一部分。南大洋（Southern Ocean）从南极洲（Antarctica）向北流去，一直延伸到大约南纬50度。

注释

1. 这条航线将美国和远东各国联系起来，具体是指美国西北部与亚洲各国。有人可能会问，如果向东北方向飞行就可以到达东方国家，那具体要从哪里出发？事实上，从东经180度的任何地方向东北方向飞行，都可以到达亚洲各国。这条航线如今叫作西北航空。

2. 区分此类缩略词，具体可参考“简介”后面的“机构名称简写”。

3. 阿尔及利亚（Algeria）、摩洛哥（Morocco）、突尼斯（Tunisia），有时候包括利比亚（Libya），会被统称为马格里布地区（Maghreb），这是一个阿拉伯词，专指这片地区。

4. 在过去，中东地区（Middle East）也包括北非（North Africa）、阿富汗（Afghanistan）、缅甸（Burma）、印度（India）和巴基斯坦（Pakistan）。

5. 作者曾受邀为这件案子提供咨询，并在做了调查后，给出结论，但并没有跟进后续法律程序。

6.《韦氏地理词典》(*Merriam Webster's Geographical Dictionary*)，第3版，马萨诸塞州斯普林菲尔德：梅里厄姆–韦伯斯特出版社，1997，非常有用的区域名（地名）查询工具书。

第三章

❖

地名对地图的重要意义

地图的用途

“地图”含义广阔。[1]地图通常是一张图或者一幅图像，上面有地球（有时候是海底或其他行星）上所有或部分地理实体。地图的最终版本取决于获得的地理信息和设计地图的人（测绘师），此人最终决定哪些信息将出现在地图上。地球上的地理实体包括高山、河流、海洋、森林、沙漠和其他自然地理实体。地图上可以体现出国家、城市、道路、桥梁和其他与人类活动有关的“人工”地理实体。除了这些静态信息，人们还可以从地图上读到一系列动态信息，比如人口分布、经济的作用和相互关系、自然资源、选举模式、气候区域、军事行动，以及许多其他信息。地图通过这些方式传达关于世界和人口的信息，这是其他任何媒介都做不到的。地图测绘工作有时候需要收集海底或其他行星的地理信息，获取到的信息不仅有助于测绘师的绘图工作，还可以帮助科学家和其他有需要的人。航拍图片和卫星影像都可以制作成地图。虽然这些图片本身可以呈现出异常重要（常常会令人震惊）的地理信息，但后续处理更加重要，要确保读者清楚明白地领会到图片要传达的信息。如果这些图片真的能服务于目标用户[2]，那地名就是最需要加上去的细节。（下面将介绍美国地图机构的一种特殊地图——chart，即海图或航图。）

在早期的地图上，地名用于标出地理位置和标明新发现的地理实体。此外，还有一些虽然不甚准确但富有创造力的地图，会用丰富的故事和表达来描述地名。这是一种非常重要的描述地名的方法。随着人们对地球的了解更加深入，对地名也有了更高的要求，地名中要清楚表明地理实体是河流、海岸线、海洋、国家还是殖民地。随着地图发挥的作用越来越广泛，它逐渐成为传播世界各国和人类信息的主要工具。

地球、海底和其他行星表面都有不同的自然和人类活动留下的地理实体，地名不仅分清了这些地名，描述了各自的特征，还完整地补充了地图信息。“没有地名的地图就像不会说话的人。”[3]这句话形象地说明，不管一张地图详细还是简略，没有地名，就不能将不同的地理实体区别开来。

使用地图的人可以通过对已命名的地理实体位置和分布的研究分析，获得很多信息：可以看出居住区，也可以对人口稠密的城区和空旷的郊区一目了然；从地名的分布中可以看出地形对住宅区地理位置的影响。根据这些信息，人们可以研究地理、环境、文化、政治和区域间的经济联系，制订发展规划。所有这一切都有助于人类发展符合自身利益的事业，如建造房屋、高速公路、体育场、垃圾堆填区或者高压电线路。地图上的标识和轮廓将殖民地、行政区、水文和植被实体以及它们之间的关联一一标明，但为符合法律和其他因素的要求，利用地图制订发展规划时必须要有地名才能进行。

地图的特点

这一部分主要讨论地图对地名的传播作用，并对地图做一个简短的描述。地图的一个主要特征是对投影法的使用，使地图严密规范。作为最为人所知的投影法，墨卡托投影法（Mercator projection）是根据16世纪早期的荷兰地图制图学家墨卡托命名，他首创了主要用于航海且标明陆地、海洋的地图。使人们认知不同地区的经纬度是地图的一个主要目的，经纬线按固定间隔将地图分割为不同区域。按照墨卡托投影法，纬线和赤道平行，经线以成直角的角度和纬线交叉。经线指向正南北，彼此之间有固定的间距。越向极点移动，纬线间的距离就越大，陆地和海水面积也相应变大，超过本来的面积。用墨卡托投影法画出的世界地图是长方形的。其他种类的投影法中，经线和纬线有不同的交叉关系，它们使用各自的方式，在地图上标绘地球表面的不同元素，具体地区可以根据实际指定采用不同的投影法。有一种类型的投影，为了尽量减少陆地地形的扭曲，不得不做出部分牺牲，将世界上原本为一个整体的海洋的主要部分像裁纸一样剪开。

地图上另一个重要部分是比例尺，即图上两点之间距离与实际两点之间距离的关系。比例尺可以表示为一个分数。在1/50,000比例尺中，上面的分子是图上两点的距离，下面的分母是实际地面上相同的两点之间的距离。转化成数字，这个比例可以表示为：1=1英尺（inch）；50,000=50,000英尺。换言之，图上1英尺对应着地面上5万英尺。

地图根据种类的不同，图上地名可显示为不同的样式及颜色。由黑色大写字母书写的地名，通常表示国家和主要行政区。首字母大写，其余部分小写，并用黑色显示的地名一般表示城市和其他居民点。美国的地图中一般使用蓝色字母表示湖泊、河流等水文地理实体。有些特殊类型的地理实体，其名称用斜体表示，因此，综合运用多种印刷样式可向用户传达不同信息，地图的图例会对这些特征进行详细定义。

制图技术

传统的大地调查使用一种叫作水准仪的望远镜进行测量，测量时从选定的地面点出发，利用直立的水准尺确定垂直高度，这一过程能够让测量员得到精确的高程。使用特定长度的金属线或金属链，就可以测得两条水准尺之间的距离。将使用水准尺测得的点标记在平板上，以便测量员利用计算出来的多个垂直点，在铺于板上的纸面上绘制等高线，这是描述地形的一种重要方式。测量全过程如上所述，虽然这种方法在大范围制图中已不多见，但借助先进的地面设备，该方法仍旧应用在各地区自己的房地产测量中。

大约40年前，隶属美国内政部的美国地质勘探局（USGS）通过航空拍摄制作了西半球的部分地图。尽管从人类第一只气球升空的那一天开始，人们就开始构思如何将航空拍摄技术应用于制图，但直到这项现代化技术被实际应用起来，才真正向人们揭示了未来制图学的发展方向。在那之前，地图就是一幅图画，需要人工对地球表面进行高度精确的手绘，新的技术是传统复杂编绘手段的一个巨大进步。

如今，航拍在大部分领域被卫星图代替，这是一种可提高精确度，并在更大比例尺下准确描绘高度复杂的地形特征的技术，而全球定位系统（Global Positioning System，GPS）可方便完成这项工作。它是一种便携式设备，测量员可随身携带，它通过将接收到的轨道卫星产生的数据转化为经纬度坐标而确定地面上任一地点的精确位置。

有了航拍和卫星图这些手段，使得又快又准地绘制地图成为可能，很多以前无法绘制的区域现在也不再有任何困难。航拍可生成一种多光谱地图，用令人印象深刻的图像展示城区、农田、森林、水域等地理实体。卫星图也通过运用多种技术测量方式，在采矿、土壤和与未来发展息息相关的水文状况等领域，收集并产生了种类繁多、直接可用肉眼观看分析的重要数据。例如，美国商务部（U.S. Department of Commerce）拥有的气象卫星，能够使用改进型甚高分辨率辐射计（Advanced Very High Resolution Radiometer，AVHRR）的数据绘制图像，图上用实际的颜色展现出地球表面森林和沙漠等信息。

令人赞叹的是，在制图过程中，无论是我们可以直接看见的图像，还是隐藏在地理实体表面之下的那些主要的或者细微的物理属性特征，上述技术都可以为我们构筑出所需的重要细节。一些现代地图有时需要一些额外信息，例如国际上各国之间的边界线，表示城市或河流的图示符号，以及国家、城市、居民地、河流、湖泊、山脉等地理实体的名称。

为了将地名和非图像信息放到地图中，需要工作面广泛的内外业协同。在美国，地名除了从现有地图上获取以外，也会从各州和联邦机构的文件中进行采集。但如果遇到新的地名，或者与实际情况可能相悖的地名，调查团队通常必须要赶赴现场搜集相关信息。外业调查结果被带回制图办公室存档，供地图或海图制作时应用。[4]

美国制图机构

为了满足各种不同需要，美国的各类机构会制作形形色色的地图。美国地质勘探局制作的地形图[5]中包含地形特征，被认为是描绘两大类地理实体的最佳工具。第一，图中通过使用一种叫作等高线的地理学方法描绘地表高低起伏的地势，可以展现出自然地理实体的尺寸、形状、高程等不同地形特征。颜色块（通常用绿色）和符号表示覆盖的植被，蓝色表示河流、小溪、湖泊和其他水文地理实体。其他的颜色和图式描绘不同的地理实体，如沙漠、冰川等具有各种不同特征的地区。第二，图上会标示出各种各样人文地理实体，包括城市和其他人类聚居地、公路、水坝、水库、桥梁、公园、农场以及各类人工建筑物。它们的位置在图上用线条勾勒出轮廓，并根据实际需要填充不同颜色。

地形图在呈现世界图像的时候，有一个基本规范，即在展现图像信息的同时标注地理实体的名称，而地名标注位置的精确程度和图载地名数量的多少则取决于地图比例尺的大小。美国地质勘探局的基础地形图是标准四边形地图，比例尺是1:24,000，每一幅图由大约高22英寸、宽27英寸的纸张构成。其他系列地图还有1:62,500(1英寸代表现实中的1英里)、1:100,000、1:250,000和更小比例尺的。很显然，美国地质勘探局与其他的美国制图机构一样，必须能够获取现势性强的准确地名。在美国，制作局部或完整美国地图的机构还有商务部人口普查局（Census Bureau of the Department of Commerce）、农业部森林服务处（Forest Service of the Department of Agriculture）、陆军工程 兵团五大湖测绘局（the Great Lakes Survey of the Army Corps of Engineers）、内政部土地管理局（Bureau of Land Management of the Department of the Interior）等。而要制作好地图，反映当前状况的最新地名及其准确位置是最重要的信息。

“航图”(chart) 是一种重要的地图，应用于空中或海上导航。联邦航空管理局

(Federal Aviation Administration) 将航空器在空中的飞行模式划分为两类：目视飞行规则 (visual flight rules, VFR) 和仪表飞行规则 (instrument flight rules, IFR)，它们使用不同类型的地图进行导航。实施目视飞行规则时，飞行员主要依据空中观察，根据从驾驶舱中用肉眼看到的地面上地理实体 (地标) 的实际情况来执行各种操作，同时辅以无线电通信，以确保飞行不出偏差。这种飞行规则下，标注了地形、居民点、自然地理实体和人文地理实体、地名以及包含一些导航指南的航图在制订和执行飞行任务时就显得格外重要。在执行仪表飞行规则时，驾驶员几乎全部依靠地面管制员利用设备发出的飞行指令，这些指令被飞行控制系统自动执行，驾驶员再辅以一些必要的操作。在这种飞行规则下，虽然飞行计划的制订和飞行中的操作仍然需要借助航图来完成，但与目视飞行规则使用的航图不同，它不需要像目视飞行使用的航图那样，展现出特别详细的地理信息，它需要的比例尺可以稍小些，内容也不用那么丰富。

在航空飞行时代早期，所有的飞行员无论遇到什么问题，都只能依靠视觉识别地物并作出相应判断。在美国，市面上出售的公路地图曾经是飞机驾驶舱里面的几件必备物品之一，飞行员一边对照着地图上的地名，一边看着飞机外面的情况，沿着道路一直飞到目的地。此外，为了给飞行员指引方向，很多谷仓的屋顶上喷绘有带着方向箭头和城镇名称的图画。飞行员在几百英尺的高空飞行，偶尔驾驶飞机俯冲下来看一看这些地面标志。美国国家海洋测绘局 (National Ocean Survey) 是民用航空航图的制作机构，作为国家海洋和大气管理局 (National Oceanic and Atmospheric Administration) 的组成部分，为美国制作包含其陆地和沿海水域的航图。另外，有几家私人企业也制作航图，但这些航图不用于导航领域。

一些美国机构的职责是制作美国境内及其周边的海洋地图 (Marine Charts 或 Nautical Charts)，例如美国领土附近沿海水域的民用海图由美国国家海洋测绘局制作发行。北美五大湖 (Great Lakes) 及其水系周边的海图由五大湖测绘局 (Great Lakes Survey) 制作。田纳西河流域管理局 (Tennessee Valley Authority) 负责制作管辖之下河湖的地图。因为不断加强水上航行的安全性是一项基本要求，所以海港、岛屿、城镇和其他陆地地理实体的名称非常重要，关系到能否对地标进行正确识别。

美国国家影像制图局 (The National Imagery and Mapping Agency, NIMA) 隶属国防部，不仅制作地面使用的陆地航图，也制作航空、航海导航使用的航图，主要为美国军方服务。[6]它在制图及相关产品方面的生产能力十分惊人，产品范围覆盖全球。

海湾战争期间，为满足美国广泛的作战需求，急需一些反映战场地区的新地图，不仅要求地图上有边界、道路、机场、军事设施和地形的详细信息，而且还要有这些地方的名字。为此，隶属美国国家影像制图局的国防制图局 (Defense Mapping

Agency）的制图人员和美国地名委员会（BGN）的地名专家在这个关键时刻，昼夜不停地一起应对这个危机。当时，由于美军的一系列空中行动已经非常成功地消灭了伊拉克潜在的军事力量，剩下的主要任务是派遣地面部队深入伊拉克境内，又由于地面部队需要在人烟稀少的地区穿行，如果不把人口稀疏地区的地名准确标注在地图上，那么地面行动就会遭遇严重阻碍。后来，在1995年波斯尼亚和黑塞哥维那共和国面临政治问题和种族冲突时，美国国家影像制图局也处理过相似的棘手问题。

当前，虽然美国国家影像制图局制作的地图几乎全部都可以通过卫星图片自动生成，但地名的问题却无法自动解决，仍然居于这项工作的首要位置。美国地名委员会中负责处理外国地名的工作人员就在美国国家影像制图局的办公地点工作，他们的主要任务是为美国国家影像制图局的产品提供最新、最准的地名。为了获取所需地名，通常需要深入研究国外地图产品等数据源并从中对地名进行提取。美国国家影像制图局如今可以从原来属于苏联的一部分但现在已经独立的那些国家，取得地名和地图信息。美国国家影像制图局和美国地名委员会做了大量必要的工作，尽管如此，仍有许多复杂问题有待更好地解决。例如新兴国家的地名发生了很大变化，但地图和地名录上面却没有给出这些改变的细节内容，至少在某种程度上是这样，因而无法满足美国国家影像制图局制图的需要。另外，美国地名委员会专家还需要对使用非罗马字母的国家的地名进行"罗马化"等。美国国家影像制图局正在同这些新兴国家以及所有有必要合作的国家一起，为建立一套让双方都满意的获取准确地名的模式而努力。不过，这里面还存在一个困难，即很多国家尚没有负责地名标准化的官方机构。

商业化地图

美国及其他国家的出版商在地图制作方面也发挥了重要作用。早期地图一般覆盖人们已探明的区域，同时包含主要城镇（大部分是以鸟瞰图的形式呈现）。现在，这类商业化地图会采用大比例尺地形图，并为了满足诸如旅游等社会需求而增加一些额外信息。民营出版商负责向公共和教育机构提供重要的地图产品，互联网上也有包含各种信息的地图供用户访问。兰德·麦克纳利公司可以算是美国最著名的地图出版商，该公司从1856年就开始从事相关产业。国家地理学会（National Geographic Society）也是一家规模较大的地图生产商，它早先是一家非营利机构，但近年来在制图领域的一系列动作已和商业企业的行为毫无二致。上面提到的这些组织，以及其他的出版商，在制作地图、生产地球仪、出版地图册的时候，在很大程度上需要依靠准确的地名。英国出版的《泰晤士世界地图集》[7]（*Times Atlas of the World*）是世界上最全面的地图集之一，它包含21万条地名，数量远超其他同类出版物。在20世纪的最后十年，民间地图出版机构严重依赖美国地名委员会提供的信息对最新地名进行审校。伴随着苏联的解体，很多地名发生了各种各样的变化，一些出版商认识到他们最新的地图集用不了多久就会过时，于是他们给购买者免费提供一些附加页面，并将新的地名和边界信息标记在上面。

地图与生态学

现在，探索野生动物栖息地并追踪它们的迁徙路线等活动日益引起人们的兴趣。无论是发现了新物种，还是发现了某一物种新的栖息地，相关报告中都要引用观测点的位置，虽然这可以通过记录经度和纬度来实现，但在报告中，更常见的方式是根据到最近的一个地方（如一个小镇或村子）的距离和方位来说明观测点的位置。根据不同地点知名度的差异，人们可能需要求助于地图或其他数据源来定位。史密森学会（Smithsonian Institution）的工作人员曾向美国国家影像制图局的地名专家询问一处地点的确切位置，起因是一位鸟类学家在美国中部地区发现了一种鸟类，但发现地点远离人们通常认为的这种鸟类的栖息地和迁徙路线，这一发现被描述在报告中后，得到了史密森学会的注意。美国国家影像制图局的专家们从大量地名资料中找到了被引用地点的详细信息，并将这个地方在图上的具体位置告知了史密森学会的工作人员。因为具体位置已揭晓，接下来鸟类学家便可以开展其他相关研究，说不定可以揭示出有关这一种群新的、更大范围的栖息地或迁徙路径。

注释

1. 如果在电脑上搜索地图术语表会发现，仅是对“地图”的解释就有300多条。其中一些解释的资料来源可以追溯到300年前，甚至更早。

2. 2000年，一个叫作“努力”(Endeavor) 的卫星在宇宙中拍到了很多地球表面的细节图，这在以前是根本不可能的事情。这个卫星项目是美国航空航天和太空总署 (National Aeronautical and Space Agency) 以及美国国家影像制图局共同完成的，可以帮助科学家和其他相关人士分析解密与地球和人类相关的种种环境因素。这些图片被称为地图，但要想派上用场，还得标注出对应的地名。

3. 这句话引用自弗朗西斯科·加尔 (Francisco Gall)，他是危地马拉 (Guatemala) 地名规范的领头人。从1973年起直到1987年去世前，加尔一直和作者在国际地名项目中共事。

4. 美国地名委员会负责调整各类地名，以符合国家地名标准。第八章会详细介绍地名委员会。

5. 地形图是由美国地质勘探局（USGS）的地图绘制部门和各州联合制作。

6. 美国国家影像制图局（NIMA）成立于1996年，由国防制图局（DMA）和其他政府部门合并而成，主要负责为情报工作拍摄卫星图。由于这些部门制作的地图都大同小异，于是便把它们整合到一起，这样既省事又方便，一举两得。

7.《泰晤士世界地图集》(*Times Atlas of the World*)，综合版，伦敦：泰晤士书籍出版社，1992。

第二部分

❖

地名对人类的影响

以下三章阐述了地名是如何成为人类生活中重要的组成部分。地名不仅为我们描绘了地球的自然环境，还为我们刻画了一个又一个地方的人文风貌。地名已经成为人们日常词汇中必不可少的部分。此外，地名和人们的生活息息相关，它不仅影响了农民、企业家和科学家，对作家、音乐家、画家和摄影家的影响也显得尤为重要。正是借助地名，这些人将自己的作品和世界上大大小小的地方建立起了联系。

第四章

❖

地名传递信息

引导人类认识世界

正如上一章所指出，地名的最主要目的是为人们提供信息，信息主要关于地球表面的自然、人文地理实体和海底、其他行星表面的自然地理实体。地名可提供各种各类的信息。

在某些特定文化中，地名也可以描述人类或自然的活动。一本名为《地名中的智慧——西阿帕切人的语言和景观》[1]的书籍中介绍了关于西阿帕切人（Western Apache，美洲印第安部族的一支）与地名的一些有趣故事。例如，有两个西阿帕切人使用的地名分别叫“水沿着一连串平坦的岩石往下流”(Water flows down on a succession of flat rocks）和“蜥蜴在前面飞奔而逃”(Lizards dart away in front)。这类地名的功能就是记录祖先的经历。在没有文字的社会，西阿帕切人就是依靠这些地名将历史口口相传流传下来，尽管可能会缺失一些细节。这种命名地名的方式对于印第安人和世界其他地区[2]的土著居民而言十分常见。

生活中的身份认同

地名对于个人和集体生活中很多方面而言都十分重要。当人们申请信用卡、驾驶执照或办理其他任何需要个人身份信息的事情时，他们都必须提供居住地址，包括所在州、所在城镇等。有些登记表还需要填写出生地，也就是说这一信息已然成为个人生平的组成部分，充分证明了个体的存在。

在很多会话场合中，第一次见面的人们总会先问两个问题：你叫什么名字？你来自哪里？第二个问题的答案能够提供重要的个人背景信息。而且，当我们得知一个陌生人是自己同乡的时候，很可能会产生强烈的共鸣和感触。当今社会有很大的流动性，越来越多的人有若干个“家乡”，一个人对哪个地方更加认同往往是值得关注的。大多数人会以自己的出生地为豪，因此与来自其他地域的人相比，对于自己的同乡会更快地产生亲切感。

家谱研究也主要依靠地名，地名可以提供祖先及其迁徙足迹的证据。人们若长期远离父母、祖父母或其他先祖的出生地，他们很可能想去看看父辈等其祖先曾经生活过的城镇或村落。这样的探访可以加强他们对于一个地方的归属感，并唤起相应的情感。如果一个人很难确定他的出生地，就往往会试图和他的祖先建立联系。即使只是在地图上或一封信里看到一个地名都可以产生出特殊的情感。另外，人们出生地的地名一般会唤起一些愉快的回忆，有些地名还能成为一种象征。《圣经》中《诗篇》第137篇讲道：尽管来自耶路撒冷（Jerusalem）的人们被迫迁到巴比伦(Babylon)，他们的家乡被侵占和摧毁，但他们发誓永远不忘记耶路撒冷。数个世纪以来，这种和地名之间的紧密联系始终坚定如一。

还有些地名会勾起不好的回忆，例如布痕瓦尔德（Buchenwald）和奥斯威辛(Auschwitz是现在的波兰语地名，曾经的德语名是Oświęcim)，均是德国法西斯于第二次世界大战期间修建的集中营。

另外，国家名称能够使人们交流到很多个人层面的信息。当国名被用作形容词时，可以让人们联想到许多因素，比如政治和经济形势、宗教背景、民族特征、历史事件甚至是气候和地形条件。人们往往会从国籍来认知其他人，如她是法国的，而他是意大利的，他们是挪威的，那个音乐家是俄罗斯的等。严格意义上讲，这些形容词并非地名，但通过认知对方所来自的国家，会令人马上联想到相关的地方。

多年来，许多人希望移民到美国，因为他们想成为所谓的“美国人”。而美国公民也对自己作为美国人的身份充满着爱国情怀。其他国家的人民也是如此。100多年前，吉尔伯特（Gilbert）和沙利文（Sullivan）创作了小歌剧《比纳佛》(*HMS Pinafore*)，当合唱曲中赞美一个水手的光荣形象时（唱着“他是一个英国人”），深深地唤起了听众的民族自豪感。

很多美国公民也会以他们的双重国籍背景为豪，比如爱尔兰裔美国人（Irish-American）、意大利裔美国人（Italian-American）、德国裔美国人（German-American）、威尔士裔美国人（Welsh-American）等。在美国，还有一些家族追溯其祖先的起源，发现先祖来自其他地区的，同样也会用带连字符的词语来定义自己的双重身份，相对典型的形式就是将两个地区的名字拼在一起，例如非裔美国人（African-American或Afro-American）、亚裔美国人（Asian-American）或太平洋岛族裔美国人[3]（Pacific-American）等。而美国土著居民通常指土生土长的当地人，其祖先在欧洲人来美国定居前就居住在如今美国所在的领土范围。新词汇欧洲裔美国人（Euro-American）则指代祖先来自欧洲的美国人。

这些表示国籍的词汇在官方登记时几乎是具有官方意义的，已经成为当今生活各种场合下的常用词汇。这其实也是为了满足人们的需要，越来越多的人需要对自己的血统有种身份认同。注册上学的孩子们填写父母的国籍或民族背景信息（就是上文所提到的那些词汇），以确保少数族裔子女占合理的比例。然而，很多人认为这个概念越来越趋向复杂化。从逻辑上讲，如果一个人的父母和祖父母具有不同的民族背景，他可以在"美国人"(American) 前添加两个甚至更多表示地区或国家的词语。因此，一个孩子有可能被列为"非洲裔—拉美裔—亚裔—土著的美国人"(Afro-Latino-Asian-Indigenous American)。使用这种方法来鉴别一个人的文化或民族背景也可能会造成更大的混淆。

个别表示民族或国家的词语含义可能会引起疑问。如American一词用于表示某人的民族或国籍时，意为"美国人"。这种用法在美国特别普遍。根据这种理解，很明显America意思是"美国"，即数百年前首批美国人（American）的定居之地。部分群体对上述解释持有异议，认为这与人类学的观点相左，若不改变其概念，在使用中必然会经常遇到麻烦。不过，对整个西半球而言，含有America的几个地名——North America、Central America和South America，其用法却相对固定，一般指"北美洲""中美洲"和"南美洲"。因为针对西半球来说，这三个地名实际上传递的信息主要是关于地理位置的，而非文化层面。另外，只有美国公民会用American一词来表示自己的国籍身份，而在西半球其他地方的人们则用本国国名或地区名来表示自己的身份。

此外，"印第安"(Indian)一词也备受诟病。它最初被哥伦布（Columbus）用来描述他所遇到的印第安人，因为当时的哥伦布认为自己已经踏上或接近印度海岸。有些人认为，应摒弃"印第安"这一说法，以"美洲原住民"(Native American) 或"美洲印第安人"(Amerindian) 代之。但这些说法也存在一些问题。从逻辑上而言，任何在美国出生的人都可以被视作美洲原住民，而美洲印第安人则是由两个不搭边的形容词组成。渐渐地，那些祖先早于欧洲殖民的人被称作"土著人"。从另一方面来看，"美洲原住民"似乎也逐渐接受了"印第安"的说法。美国内政部（Department of the Interior）的印第安事务局（Bureau of Indian Affairs）就是最好的证明。

即使不造成种族上的混淆，使用带有连字符的区域名称也会引发地理性问题。"非裔美国人"(African-American) 这一说法被引入后，先前被定义为有色人种或黑人(Negro) 的群体就摆脱了指称中的负面含义。虽然动机可以为人所理解，但从逻辑上而言，"非裔"[4]可以指代整个非洲大陆上或来自该大陆的任何人，这就牵扯到诸多种族群体，包括阿拉伯人、贝都因人、柏柏尔人、中国人、荷兰人、英国人和印度人。现在我们所说的“非裔美国人”(或美国黑人) 似乎仅仅指那些祖先因奴隶制而从撒哈拉以南非洲来到美国的人。

在各式各样的谈话中，诸如“非洲的、美国的、英国的、意大利的”和其他国家或地区名称的形容词形式，以及“东南亚和南美”等区域的名称，均发挥着至关重要的作用。虽然所有地名都应指代定义明确的具体地方已成为共识，但这一点并不总能实现。如前所示，人们对于“非裔”这一类表述就有着不同的理解。新闻报道中所涉及的区域地名，如果不提及它包含的具体国家，公众通常无法弄清楚所说的地区具体指哪些地方。另外，认为地理名称的形容词形式能够确认个人背景的观点也受到了些许质疑。在英格兰，不少巴基斯坦移民都住在布拉德福德 (Bradford)。但他们中间有谁是英国人吗？在德国，土耳其移民的子女可能依然保留土耳其的文化习惯，但我们能说他们就不是德国人吗？随着全球人口流动性的增强，出生地的概念能否永久地充分确认一个人的文化背景已变得愈发复杂。

另一个问题关系到以色列公民。人们普遍认为，“以色列人/以色列的”(Israeli) 要么指该国的犹太公民，要么就是从犹太人的角度所反映的国家立场。因此，“他是以色列人”或“以色列的立场”等表述通常含义明确。但实际上，以色列的阿拉伯公民也属于以色列人。

不少美国公民并不认可使用带连字符的词语来表述他们的祖先。他们认为，一旦被赋予了公民身份，个人及其在美国出生的子女从事实上来看就是美国人。此外他们也相信，种族传承是个人的事。笔者曾经就听过一个与该问题有关的例子。一位拥有夏威夷背景的美国机构雇员曾受邀接受内刊关于“泛亚洲人”(Pan Asians) 的文章采访，但她以自己是“美国人”为由拒绝了该请求。

提供历史信息

无论是幅员辽阔的区域，抑或袖珍的弹丸之地，地名都能透露出当地的历史和文化信息。几乎任何国家的地名研究都能发现不同种族群体定居的历史模式。比如，在法国布列塔尼 (Brittany) 和英国威尔士 (Wales)，城镇的名称能够反映出数百年前当地凯尔特人的分布情况。一份比例尺为1∶25,000的法国地形图显示，布列塔尼坎佩尔莱 (Quimperle) 周边地区有几十个以C、G、K、L和Q开头的地名，如Clohars-Carnot、Guerveur、Kerganaouen、Kergloarec、Kervaveon、Lisloc’h和Quililoen。这些地名都起源于凯尔特语，在法国其他地方相对罕见。

在一份涵盖威尔士部分地区、比例尺为1:50,000的英国地图上，我们能够看到拼写为Caernarfon、Caergeiliog和Carreglefn的城镇。上述几个地区的关系显而易见，即具有共同的语言或文化历史。此外，英国还有些地名反映了盎格鲁人、丹麦人、朱特人、罗马人、撒克逊人和维京人的入侵及殖民活动。不少名称还曾发生过较大的语音变化。在世界上的许多地方，名称的起源都能反映出相似的历史影响。

美国的不少地名还蕴含着有趣的史实。《阿尔比恩的种子：美国的四种不列颠民俗》[5]一书中写道，17至18世纪期间，从英国四个地区来到美国东部的移民同时带来了其独有的言语习惯、宗教和许多其他方面的风俗，并对新成立的美国产生了长久的影响。虽然这些移民均具有英国血统，但他们使用的不少地名都反映出新移民对于此前在英居住地区的不同态度。

来自英格兰东部并定居马萨诸塞湾殖民地（Massachusetts Bay Colony）的移民通常采用先前英国城镇或居住地的名称，包括布伦特里（Braintree）、剑桥（Cambridge）、戴德姆（Dedham）、格罗顿（Groton）、黑弗里尔（Haverill）、伊普斯威奇（Ipswich）和纽伯里（Newbury）。来自英格兰西南部并迁至弗吉尼亚州（Virginia）和海岸地区的移民则采用了几个反映其立场或态度的名称，其中蕴含了他们支持英国贵族的观点。1703年，弗吉尼亚州的县包括国王与皇后县（King and Queen）、威廉王县（King William）、伊丽莎白城县（Elizabeth City）、亨利科县（Henrico）、乔治王子县（Prince George）、查尔斯城县（Charles City）、詹姆斯城县（James City）和安妮公主县（Princess Anne）。其他名称指的则是英国的地理实体或地方，包括格洛斯特（Gloucester）、怀特岛（Isle of Wight）、米德尔塞克斯（Middlesex）、北安普敦（Northampton）、斯塔福德（Stafford）、萨里（Surrey）和沃里克（Warwick）。来自英格兰北部并最终定居特拉华河（Delaware River）沿岸的移民（多数为贵格会教徒）则为新城镇选择了反映其社会理念的名称，比如费城（Philadelphia）、塞勒姆（Salem）、康科德（Concord）、上普罗维登斯（Upper Providence）和下普罗维登斯（Nether Providence）。此外，宾夕法尼亚州（Pennsylvania）、特拉华州（Delaware）北部和新泽西州（New Jersey）也有一些源自英格兰的名称，如伯灵顿（Burlington）、切斯特（Chester）、蒙茅斯（Monmouth）、纽卡斯尔（Newcastle）和约克（York）。

来自英格兰与苏格兰之间山区的移民基本定居于阿巴拉契亚地区（Appalachia）。他们并未采用任何带有精英阶层意味的致敬贵族的名称，而是选择了多种反映英国地方的名字。英格兰最靠近西北角的坎伯兰（Cumberland）被完整或部分应用于肯塔基州（Kentucky）、马里兰州（Maryland）、北卡罗来纳州（North Carolina）和田纳西州（Tennessee）的地名中。来自英国这一山区的移民还选择了一些先前英国的地名用于阿巴拉契亚及相关地区，如阿伯丁（Aberdeen）、

阿伯内西 (Abernethy)、埃尔 (Ayr)、巴尔弗 (Balfour)、贝尔法斯特 (Belfast)、加勒多尼亚 (Caledonia)、科尔雷恩 (Coleraine)、多尼戈尔 (Donegal)、达拉谟 (Durham)、盖勒韦 (Galloway)、伦敦德里 (Londonderry)、纽卡斯尔 (Newcastle)、新都柏林 (New Dublin)、新格拉斯哥 (New Glasgow) 和新苏格兰 (New Scotland)。在阿巴拉契亚地区，来自乡村的移民和相对独立的一些移民也命名了不少多姿多彩的地名，如克拉伯布兰奇 (Clabber Branch)、洛根站 (Logan's Station)、平奇加特 (Pinchgut) 和瓦里 (Worry)。此外，宗族名用于地名的也不少。以上命名方式反映出这些移民先前在母国的生存状态。

后来的荷兰、法国和德国移民也对美国的地名产生了影响，我们从包含宾夕法尼亚州、特拉华州和纽约州的地图上就能看到具有上述起源的名称。宾夕法尼亚州的斯库尔基尔河 (Schuylkill River) 就与18世纪生活于此的荷兰移民相关。该地最初名为斯库尔河 (Schuyl Kill)，"斯库尔"可能是某个定居者的名字，"基尔"在荷兰语中表示河流或溪流。由于英语占支配地位，二者结合起来就变成了Schuylkill，并加上了"河流"这一通名。[6]在加利福尼亚州 (California)、佛罗里达州 (Florida) 和新墨西哥州 (New Mexico)，西班牙开拓者和定居者也引入不少地名并流行至今。威尔伯·泽林斯基 (Wilbur Zelinsky) 在《探索可爱的祖国：美国社会与文化中的地理缩影》[7]一书中以数篇笔墨讲述了美国地名和人类定居之间的关系。几乎所有国家都有一些反映移民模式的地名，不少书也对该话题进行了阐述，乔治·R. 斯图尔特 (George R. Stewart) 著的《陆地上的名称》[8]就是其中一部重要作品。因此我们可以说，地名几乎能够提供地球上任何地方的历史和文化信息。

描述土地特性

从地名的分布和性质上，我们能够看出地理实体的特点甚至是土地的使用情况。此外，地图上描述地理实体类型的非地名词语也能传达出相关信息。比如，"沼泽""农场""庄园""森林"等词可能用于标识自然和人文地理实体。这些词可以被视作描述地理实体类型的"通名"。实际上，所有地名都可以单纯地由此类通名构成，但由于世界上的地图太多、沟通信息量巨大，人们通常会在通名前加上一个名称，以更加准确、有效地对地理实体进行标识。但在有些文化中，人们会仅以"那条河"或"那座山"来指代当地人尽皆知的地理实体。即使在美国，人们也会觉得没必要用具体的名称指代附近的地理实体。本书第十一章对该话题进行了详细的探讨。

常用词

不少地名已经变成我们日常所使用的词汇，有关词语起源的书籍就囊括并阐述了英语语言是如何进化且继续发展下去的。[9] 各类词典也会收录起源于地名的词语。一些词语甚至可追溯至古代，并在语言发展的过程中被不断修改。今天，虽然鲜有人会思考这些词语的起源或将它们和地名联系起来，但不少词语都是当今词汇的一部分，它们不仅仅被用作名词，还被用作形容词甚至动词。我们将这类词语称为“地名词语”。一些布料、食物和饮料要么得名于一个特定的地方，要么起源于合理的地理联想。对于奶酪和红酒来说，最常见的名称来源就是法国。

从下列刻意堆砌的表述中，我们能够看出这些“地名词语”是如何在生活中被用作名词、形容词或动词的。其中楷体词语对应的外文起源于地名。“脚蹬科尔多瓦皮革 (cordovan) 鞋和多色菱形花纹 (argyle) 短袜、身穿开襟毛衣 (cardigan) 和花呢 (tweed) 夹克、脖子上系着领带 (cravat)、头顶洪堡毡帽 (homburg)，一位脸上喷洒了古龙水 (eau de cologne) 的男士搭乘他的豪华轿车 (limousine) 前往邻居家参加派对。他在那里四处闲逛 (meander，与地名Meander有关)，看见客人们穿着各式各样的服饰，有无尾礼服 (tuxedo，源自纽约的塔克西多公园)、羊绒 (cashmere) 外套、牛仔服 (denims)、蓝色牛仔裤 (jeans)、双排扣厚呢 (Mackinaw) 短上衣和圆顶高帽 (derby)。接着，他看到派对提供的酒水，包括苏格兰威士忌 (scotch)、波旁威士忌 (bourbon)、勃艮第葡萄酒 (burgundy)、香槟 (champagne)、波特 (port) 酒和雪利酒 (sherry)。此外，派对还供应卡芒贝尔干酪 (camembert)、罗克福尔干酪 (roquefort)、瑞士奶酪 (swiss) 和布里干酪 (brie) 等诸多种类的奶酪。甜瓜 (Cantaloupe) 供餐前食用。锦缎 (damask) 桌布上摆放着以雅致的瓷器 (china) 盛装的帕尔马干酪 (parmigiana) 调制的茄子、抱子甘蓝 (brussels sprout)、维也纳香肠 (wiener) 和汉堡 (hamburger) 等主菜。此外，还有塔巴斯科 (Tabasco) 辣酱可供调味。享用甜点后，他又啜饮了一杯摩卡咖啡 (mocha)。”[10]

附录A给出了上述引用词语和其他类似词语的背景起源，但并未囊括全部地名词语或品牌名称。从奶酪和红酒名称的数量中我们已经能够看出，人们会以产地来对当地生产的产品进行标识。

动物名

许多动物品种的名字都含有地名。安杰拉·雷 (Angela Ray) 曾在《名字》(*Names*) 上发表过一篇文章，其中提到美国养犬俱乐部 (American Kennel Club) 列出的136个狗品种名称中有86个含有地名或其别称带有该种狗产地或第一次出没区域的地名。例如阿富汗猎犬 (Afghan)、阿拉斯加犬 (Alaskan Malamute)、美国猎狐犬 (American Foxhound)、波士顿狗 (Boston Terrier)、卡迪根威尔士犬 (Cardigan Welsh Terrier)、吉娃娃 (Chihuahua)、达尔马提犬 (Dalmatian)、英国蹲猎犬 (English Setter)、德国牧羊

犬 (German Shepherd)、大丹犬 (Great Dane)、爱尔兰蹲猎犬 (Irish Setter)、拉布拉多猎犬 (Labrador Retriever)、马耳他犬 (Maltese)、京巴儿 (Pekinese)、波美拉尼亚犬 (Pomeranian)、罗威纳犬 (Rottweiler)、设得兰牧羊犬 (Shetland Sheep Dog)、西伯利亚雪橇犬 (Siberian Husky)、魏玛犬 (Weimaraner) 和约克郡犬 (Yorkshire Terrier) 等。[11]

很多马的名字也带有地名。也许最有名的当属阿拉伯马 (Arabian)，原产于阿拉伯半岛，体形修长优美，速度快，且价值不菲。另外一个例子是利比扎马 (Lipizzaner)，常被一个奥地利团队用于精彩绝伦的驯马表演。它的名字来自利比扎 (Lipizza)，这个地方过去曾经是意大利的一部分，但现在隶属斯洛文尼亚 (当地语言为 Lipica)，利比扎马最初就是在此地驯养的。再如，田纳西跑马 (Tennessee Walking Horse) 与美国州名有关。又如，佩尔什马 (Percheron) 原产于法国拉佩尔什 (La Perche)，体形健壮，鬃毛浓长，因能干重农活而著称。

另外，许多乳牛品种的名称也是取自其原产地的名字，最负盛名的奶牛是根西牛 (Guernsey) 和泽西牛 (Jersey)，根西岛和泽西岛两地均位于英吉利海峡靠近法国布列塔尼西海岸线的海峡群岛之中；还有荷斯坦牛 (Holstein)，原产于荷兰的弗里斯兰省 (Friesland)，但同时也与德国的荷尔斯泰因地区 (Holstein) 有关 (荷斯坦牛后代分布于德国的这一地区)，该地区位于日德兰半岛。

姓氏

早期命名的习惯很可能是只取一个名，没有姓氏，也就是所谓的“first name”(现在指西方人名的第一个名，即不包括姓氏的名字)。随着人口逐渐增加，需要对一个人的身份有更准确的识别，因此一些地区的孩子们取名时又增加了“last name”(现在指西方人放在名字后面的姓)。人名的命名有着复杂的历史，即使在今天，实际情况依然在不断变化。在过去，美国女性结婚后要改用丈夫的姓氏，然而到了现在，妻子可以仍然保留自己的姓氏或两个姓都用 (如复姓)。在《名字的语言》[12]一书中，作者向读者揭示了有关人名的丰富信息。许多姓氏 (家族名) 的起源或许与地名有联系。在圣经时代，常常会提及一个人的出生地作为人名中的识别信息，如拿撒勒的耶稣 (Jesus of Nazareth) 和塔尔苏斯的扫罗 (Saul of Tarsus) 就是典型的例子。其他人名姓氏也往往反映了与家族居住地的特征或地名有关的信息。

书籍《母语：英语的历史》[13]曾提到，英国人开始形成使用姓氏的习惯时，姓氏主要有四个来源，分别是：地名，如林肯 (Lincoln) 和沃辛顿 (Worthington)；绰号，一般是描述性的，如怀特黑德 (Whitehead) 和阿姆斯特朗 (Armstrong)；行业名，如法默 (Farmer)、卡彭特 (Carpenter)；父名 (父亲的姓)，如约翰逊 (Johnson) 和彼得森（Peterson）。一个关于英国、加拿大、美国电话号码簿的非官方报告显示，许多姓氏都与自然和人文地理实体名称相同。如果没有细致地研究过人名，很难确定哪些地名因人而得名，以及哪些姓氏来源于地名。另外，有的姓氏取自一些描述地形特征的词语，这种现象也较常见，相关词语包括河岸（bank）、海滩（beach）、悬崖(cliff)、田地(field)、森林(forest)、山(hill)、湖(lake)、平原(plain)、河流(river）等。

在英国，衔称一般含有地名。当一个人继承或被遗赠土地时，他将被授予含有地名的头衔。例如，德比伯爵（Earl of Derby）对一个叫作德比（Derby）的地方行使管辖权，约克公爵（Duke of York）拥有一片叫作约克（York）的领地。这些享有特权的人物在被授予衔称前使用自己的姓名，有了正式的衔称后，衔称几乎取代了本名。因此，爱德华·斯坦利（Edward Stanley，1752—1834）被称为第十二任德比伯爵（the twelfth Earl of Derby）。这类被授予衔称的人拥有的领地可以很大，不但可以包括城镇、区、郡，而且可能会通过购买或协议等其他方式来扩展领地。

汽车名

多年以来，汽车制造商尤其是美国制造商所生产的汽车，其型号名称往往比其标准名称更有名气。有一种主导思想是给汽车起一个别称，这个称呼能使人们联想到某个著名旅游胜地或其他众所周知的地方［例如有一款车叫蒙特卡洛（Monte Carlo），易让人想到蒙特卡洛赛道和赌场，车的名字无疑给这款车增添了更大的吸引力］，从而提升人们对汽车的购买欲。[14]用于客车（越来越多用于SUV车型）的这类名称有：别克–林荫大道（Buick Park Avenue）、别克–里维埃拉(Riviera)；凯迪拉克–勃艮第(Cadillac Burgundy)、凯迪拉克–德维尔(De Ville)、凯迪拉克–埃尔多拉多(Eldorado)、凯迪拉克–斯维尔(Seville)；雪佛兰–科西嘉(Chevrolet Corsica)、雪佛兰–迈锐宝(Malibu)、雪佛兰–蒙特卡洛(Monte Carlo)、雪佛兰–塔霍(Tahoe)；克莱斯勒–君王(Chrysler Concorde)、克莱斯勒–科尔多瓦（Cordoba)、克莱斯勒–兰道（Landau)、克莱斯勒–纽约客（New Yorker)、克莱斯勒–锡布灵（Sebring)；道奇–达科塔（Dodge Dakota)、道奇–代托纳（Daytona)、道奇–杜兰戈（Durango)、道奇–摩纳哥（Monaco)；吉姆西–萨瓦纳［GMC Savana，Savana很可能是依据地名Savannah（萨凡纳）的拼写改写的，萨凡纳是美国佐治亚州的河流名和城市名］，吉姆西–谢拉（Sierra，Sierra在西班牙语里意为“山脉”，也是美国和拉美地名的组成部分），吉姆西–索诺马（Sonoma)，吉姆西–育空（Yukon)，1999年还出了一款车叫吉姆西–育空–迪纳利（Yukon Denali）[15]；吉普–牧马人–撒哈拉（Jeep Wrangler Sahara）和吉普–切诺基–拉雷多

(Cherokee Laredo)；林肯大陆（Lincoln Continental)；水星卡普里（Mecury Capri)；奥兹莫比尔–卡利斯（Oldsmobile Calais)、奥兹莫比尔–佛罗伦萨（Firenza)；庞蒂亚克–博讷维尔（Pontiac Bonneville）等。

日本的汽车制造商丰田（Toyota）也采用了这种方式，例如汽车车型名有阿瓦隆（Avalon)、塔科马（Tacoma)、坦途（Tundra，这个名字来自气候寒冷的亚北极区地带，原意为苔原，车型中文译名为丰田坦途)。类似的，日本制造商五十铃（Isuzu）有款车型叫Oasis（意为绿洲，即沙漠中有水且令人向往的地方)。再如，德国大众（Volkswagen）有个车型叫尚酷（Scirocco，原意是与意大利一带有关的热风的名字，车型中文译名为尚酷)，大众还有一款车型叫高尔夫（Golf)，译成英语时近似于单词golf（高尔夫球运动）或gulf（海湾)，两者都能提升顾客的购买欲。韩国现代（Hyundai）有款车型叫Tiburon，这个名字源于地名蒂布龙（Tiburon)，该地位于加利福尼亚（California)，靠近圣弗朗西斯科（San Francisco，又译旧金山)。

用地名给汽车车型取名的惯例可能正在逐渐消失。汽车名越来越多地使用以下两种类型的名字：一是传达一些具有吸引力信息的词语，如Geo(译为吉优汽车，geo-一般表示“地球的”)、Probe（探针)、Festiva（费斯蒂瓦)、Escort（原意为“护送者”，在中国市场的名字为福睿斯)、Omega（欧美佳)、Cougar（美洲狮)、Sable（黑貂）和Tracer（追踪者)；二是没有特别含义、刻意构思出来但似乎还算恰当的词语，如Lumina（罗米娜)。2000年4月发行的《消费者报告》(*Consumer Reports*)中评估了205款汽车，其中大约有35款车的名称或别称与地理要素有关，这个数字比1999年4月的统计数字略微小一些。

食品和饮料名

许多食品和饮料名也取自地名（真实存在或虚构的地名)。例如佛罗里达橙（Florida orange)，一直被宣传声称优于其他地方的橙子。再如著名的依云（Evian，又译为埃维昂）矿泉水，其名字取自法国临日内瓦湖的旅游胜地。还有一款萨拉托加（Saratoga）矿泉水，产自美国纽约州的萨拉托加温泉（Saratoga Springs)，那里一直以来都是度假胜地。大多数矿泉水的名字都会使人联想到纯净、无污染的自然环境，标签上往往呈现的是山脉和湍急的溪水。而事实上，即使有些矿泉水是人造的，也依然倾向于使用以上类型的名字和标签。

铁路公司名

铁路公司几乎都会用地名作为其公司名称。一份有关铁路公司名的资料来源[16]

显示，在过去的150年间运营的约7300家铁路公司（其中许多家现在已经不存在了）中有近95%的公司官方名称中含有一个或多个地名。资料列出的第一个名称是阿比维尔和韦克罗斯铁路公司（Abbeville & Waycross），其中的两个地名是亚拉巴马州（Alabama）和佐治亚州（Georgia）的城镇；列出的最后一个名称是兹沃利东方铁路公司（Zwolle & Eastern），该公司名由路易斯安那州（Louisiana）的一个地名和铁路的主要走向组成。选择地名作为名称的一部分主要是为了将铁路公司与其服务的区域联系起来。另外一个目的可能是通过地名来增加铁路公司的名气，一些地名在当地小有名气，还有一些地名在所在地区乃至全国被广为熟知。

在铁路公司名称中，州名、城镇名、县名、湖名、山谷名、河流名、海洋名过去也经常出现，有时还会添加一些修饰语，如中部（central）、北部（northern）、南部（southern）、东部（eastern）和西部（western）等，很可能是为了增强地理方面的联系性。一些知名铁路公司名称的例子有：艾奇逊－托皮卡－圣菲铁路（The Atchison, Topeka and Santa Fe）；巴尔的摩与俄亥俄铁路（Baltimore and Ohio）；切萨皮克与俄亥俄铁路（Chesapeake and Ohio）；纽约中央铁路（New York Central）；北太平洋铁路（Northern Pacific）；诺福克西部铁路（Norfolk and Western）；联合太平洋铁路（Union Pacific）等。此外，乡村歌曲也采用真实或虚构的铁路名来唤起一种怀旧的情愫，这种情感不单单是对一种交通方式的怀旧也是对特定地区生活方式的怀旧。两首众所周知的歌曲有《查塔努加啾啾》（*The Chattanooga Choo-Choo*，事实上这并非官方的铁路公司名）和《艾奇逊－托皮卡－圣菲铁路》（*The Atchison, Topeka and Santa Fe*）。

铁路公司往往也借助一些别称以方便大众记忆和辨认。有些别称会提到铁路经过的某些地区。如芝加哥－印第安纳波利斯－路易斯维尔铁路公司（Chicago, Indianapolis & Louisville Railroad）就有个别称叫“印第安纳州人铁路（Hoosier Line，其中Hoosier指印第安纳州人或与其相关的事物）”。（在铁路公司选择地名作为其公司名称的同时，一些居民地也因其临近的铁路而得名。由于铁路常穿越人烟稀少的地区，为此这些为铁路线路服务的城镇应运而生。在此过程中，铁路公司员工往往会用附近的铁路线路的名称称呼这些城镇。）

由于铁路网逐渐减少，如今铁路公司名称的熟知度也变小了。在1976年，联邦政府创立了美国联合铁路公司（CONRAIL，Consolidated Rail Corporation），这是一家政府资助的私营公司，主要经营货运业务。尽管美国联合铁路公司由美国政府将破产的几大公司整合成立，但它在创立之后，旗下很可能依然还有带有之前几家私营公司名称的火车车厢。客运方面，早在几十年前的1971年，联邦政府成立了美国国家铁路客运公司（Amtrak，简称美国国铁）作为美国唯一一家长途和城际铁路客运公司。美国国铁的自有路轨主要集中于其美国东部的铁路线路，除此之外，其余路段的路轨大多为私营铁路公司所有和维护，美国国铁拥有通行权。除了美国联合铁路和美国国铁，还有许多当地私营公司运营的、用于旅游的铁路线。虽然铁路在美国文化中扮演的角色不再像以前那么重要了，但采用州名、城镇名或自然特征作为铁路公司名称仍然可以清晰地阐释出地名和人类企业活动的联系。尽管许多铁路公司合并，但近来也有证据表明，一些公司又用它们最初的公司名称重新开始运营了。

矿物名

世界上已经发现近几千种矿物，其中大概只有约200种矿物相对重要。另外值得注意的是，有334种矿物名取自地名，表明该矿物被发现或被鉴别出的地方。为了符合矿物名词尾为-ite的要求，地名的拼写可能会被修改且再加上词尾-ite，例如：Amazonite［天河石，又称亚马孙石，最早发现地在巴西亚马孙河流域（Amazon River）］，Canadite［钠霞正长岩，英文名字取自加拿大（Canada）］，Ceylonite［锡兰石，早年主要产于锡兰（Ceylon），即现在的斯里兰卡］，Germanite［锗石，1886年德国化学家温克勒尔从一种硫银锗矿中分离出锗并用德国（Germany）为其命名］，Ozarkite［块状杆沸石，名字取自美国的欧扎克山（Ozark Mountains）］，Tasmanite［塔斯曼油页岩，名字取自澳大利亚的塔斯马尼亚（Tasmania）］，Uralite［纤闪石，名字取自俄罗斯的乌拉尔山（Ural Mountains）］，Utahlite［磷铝石，名字取自美国的犹他州（Utah）］，Valencianite［冰长石，名字取自西班牙的巴伦西亚（Valencia）］等。当大部分矿物被发现时，往往用英语命名，主要是因为英语是科学界广泛使用的语言。[17]

注释

1. 基思·巴索：《地名中的智慧——西阿帕切人的语言和景观》(*Wisdom Sits in Places: Language and Landscape among the Western Apache*)，阿尔伯克基：新墨西哥大学出版社，1996。

2. 这类长地名有时也对美国当今地名有一定影响，其中有的部分仍在使用，比如洛杉矶（Los Angeles）这一地名来自西班牙殖民者命名的早期名称：El Pueblo de la Reína de los Angeles de la Porciúncula (西班牙语，主要表达的意思为“天使之城”)。

3. 还有另外一个词是“泛亚裔人（Pan-Asian）”。指祖籍为太平洋地区某个地方的美国公民，或许和“太平洋岛族裔美国人（Pacific-American）”也没什么区别。

4.《美国传统词典》(*American Heritage Dictionary*）这样定义非裔美国人：“拥有非洲祖先的美国人；美国黑人。”该词典还对“黑人 (black)”一词做出了“用法注释”，探讨了此类术语在使用和含义上的差异。

5. 戴维·哈克特·费希尔 (David Hackett Fischer):《阿尔比恩的种子：美国的四种不列颠民俗》(*Albion's Seed: Four British Folkways in America*)，纽约：牛津大学出版社，1989。

6. 该名称可以被视作“词语累赘的”地名的例子，因为其包含两个表示相同含义的词语：kill和river。通常，英国的殖民者和旅行者会将有两个或多个单词的其他语种名称变为仅包含一个单词的地名，然后再加上一个独立的通名。其他类似的例子还有格兰德河 (Rio Grande River)，字面意思表示“大河 (Rio Grande) 河 (River为通名)”。

7. 威尔伯·泽林斯基 (Wilbur Zelinsky) 的《探索可爱的祖国：美国社会与文化中的地理缩影》(*Exploring the Beloved Country: Geographic Forays into American Society and Culture*，艾奥瓦市：艾奥瓦大学出版社，1994) 从诸多有趣的角度讲述了美国地名的性质。比如“美国的传统城镇名称”一节就阐述了一些定居点被命名为雅典 (Athens)、特洛伊 (Troy)、柯林斯 (Corinth) 和伊萨卡 (Ithaca) 的原因。在过去的几十年中，该作者对美国文化中地理要素的描述使其成为该领域出色的专家。

8. 乔治· R.斯图尔特(George R. Stewart)：《陆地上的名称》(*Names on the Land*)，1945，纽约: 兰登书屋，1972年再版。

9. 基本来源为约瑟夫·T.希普利 (Joseph T.Shipley) 的《词源词典》(*Dictionary of Word Origins*) 第2版，纽约：哲学文库，1945; 以及威尔弗雷德·芬克 (Wilfred Funk) 的《词源和它们的浪漫故事》(*Word Origins and Their Romantic Stories*)，纽约：贝尔出版社，1978。

10. 摩卡咖啡得名于阿拉伯也门共和国 (Yemen Arab Republic) 的一个海港。来自印度尼西亚 (Indonesia) 的爪哇咖啡也是常见的咖啡名称。

11. 安杰拉·雷 (Angela G. Ray)：《狗的名字：美国养犬俱乐部狗品种的产地》(*Calling the Dog：The Sources of AKC Breed Names*)，《名字》(*Names*)，43，1 (1995)：3-28。

12. 贾斯汀·卡普兰(Justin Kaplan)和安妮·伯奈斯 (Anne Bernays)：《名字的语言》(*The Language of Names*)，纽约：西蒙与舒斯特出版公司，1997。

13. 比尔·布赖森：《母语：英语的历史》(*The Mother Tongue：English and How It Got That Way*)，纽约: 莫罗出版社，1990。

14. 英格丽德·皮勒(Ingrid Pillar)：《美国汽车名》(*American Automobile Names*)，德国埃森: 蓝猫头鹰出版社，1996，第148-149、176-183页。作者提到一个例子：“普利茅斯 (Plymouth)”之所以被选定为主要的汽车名，是因为这个名字与1620年移居美洲的英国清教徒登陆的地方有关，会让人联想到“坚毅的人们能攻克各种困难”。

15. 有一款SUV (Sport Utility Vehicle，运动型多用途汽车) 之前叫作“吉姆西-育空 (Yukon)”，制造商为该名称增加“迪纳利 (Denali)”主要是为了给人一种具有吸引力和冒险色彩的印象。但从地理上而言，把这两个地名放在一起有些令人困惑。迪纳利山是阿拉斯加州中一座山的官方名称，许多人从历史角度认为迪纳利山比原名麦金利山 (Mount McKinley) 更为准确。育空地区 (Yukon Territory) 则是加拿大一个地区的名称，和美国的阿拉斯加相邻，但育空地区的位置和迪纳利山还有相当大的距离。育空同时还是一条河流的名字，从加拿大的育空地区流经阿拉斯加，但和迪纳利山没什么密切联系。因此，育空可以指两个地方。或许很多拥有SUV的顾客不会去质疑车型名中的地名是否指单个地理实体。

16.《铁路公司名》(*Railroad Names*)，第3版由威廉·埃德森 (William D. Edson) 编辑和发表，马里兰州波托马克：麦克莱恩，1993。

17. 布兰顿·S.马克欧德哈 (Breandon S. MacAodha)：《来自地名的矿物名》(*Mineral Names from Toponyms*)，《名字》(*Names*)，37，1 (1989): 19-30。

第五章

❖

地名和艺术

文学

马塞尔·普鲁斯特 (Marcel Proust) 在他的长篇巨作《追忆逝水年华》(*Remembrance of Things Past*) 中以独特手法展现出地名的魅力。他的书中经常提及他所到过的城市、城镇、火车站、河流及其他景点的名称，并细致描述了这些地点如何让人印象深刻、难以忘怀。关于地点的一个关键论述是，“我只需要，让它们重现，并念出名字”。[1] 另一个论述以普鲁斯特典型的复杂用语写就，但在此简言之：“名字不只为城镇和河流赋予个性……不仅用差异点缀物理宇宙……社会宇宙也是如此。”[2] 普鲁斯特并不是以一种学术性的方式研究地名，而是将一系列身体、心理和个人特征与地名相连，他反映了该领域专家的观点。

许多书名也提及地名。在《达科他：地理灵撷》(*Dakota: A Spiritual Geography*)[3] 一书中，凯瑟琳·诺里斯 (Kathleen Norris) 讲述了她决定返回位于北达科他州 (North Dakota) 和南达科他州 (South Dakota) 边界的家园。在她的祖父母过世后，她和她的丈夫曾回去处理后事，之后二人便决定在20世纪70年代从纽约搬到那里。她被那里的生活方式迷住了。她不仅描述了那里的地理特性——气候、地形、乡村氛围和风景——还有那里的人文特征。这与她此前在东部的经历截然不同，虽然并非一切都令人愉悦，但她和丈夫在那里安了家。毫无疑问，这本书真实地描述了一个名为达科他州的地方和当地的生活方式。

由加里森·凯勒(Garrison Keillor)所著的《莱克乌比冈的日子》(*Lake Wobegon Days*)，讲述了明尼苏达州 (Minnesota) 一个小镇里的人情世故，他称小镇为莱克乌比冈。[4] 书里对当地描述之细致堪比官方指南。本书第二十章“不寻常和难以接受的地名”中对该地有更为完整的描述。

诗歌

在英美文学中，特别是在过去150年左右的时间里，诗人们笔下呈现出许多与个人或历史事件有关的地点和景观。本节只列举一些例子。斯蒂芬·文森特·贝尼特(Stephen Vincent Benét)的诗歌《美国的名字》(“American Names”) 最为引人入胜，因为它反映了作者迷恋于美国那些不同寻常而又丰富多彩的地名。第一节如下：

我爱上了美国的地名，
这些生气勃勃的名字绝对不会变得呆滞，
矿区土地醒目的称呼，
梅迪辛哈特（Medicine Hat）用羽毛装饰的武士帽，
图森（Tucson）、戴德伍德（Deadwood）和洛斯特缪尔平地（Lost-Mule-Flat）。

这首诗的最后一行表达出作者的一个愿望——被埋葬于一个名字同样妙趣横生的地方:“把我的心埋在翁迪德尼 (Wounded Knee)。”[5]

亨利·沃兹沃斯·朗费罗 (Henry Wadsworth Longfellow) 的诗歌《海华沙之歌》(“Hiawatha”) 以《大湖畔》(“By the Shores of Kichigoomee”) 开篇，这是一个与明尼苏达州接壤的湖，现称苏必利尔湖 (Lake Superior)。纳撒尼尔·霍桑(Nathaniel Hawthorne)曾写过一篇文章，描述了人们被迫离开加拿大一个地区的情况，那里后被称作阿卡迪亚 (Acadia)。[在路易斯安那州定居的人被称为“卡津人”(Cajuns)，是阿卡迪亚人的一个分支，有一种推测认为阿卡迪亚源于米克马克语，指今天的加拿大地区。] 西德尼·拉尼尔 (Sidney Lanier) 著有《查特胡奇之歌》(“Song of the Chattahoochee”)，这是格鲁吉亚 (Georgia) 的一条河流。在这首诗中，他详细描述了这条河流和其他一些景观的特征，这些景观与哈伯舍姆 (Habersham) 和霍尔 (Hall) 两个地方有关，都是他生活的一部分。卡尔·桑德堡 (Carl Sandburg) 的诗歌《草》(“Grass”) 代指的是在奥斯特里茨 (Austerlitz)、滑铁卢 (Waterloo)、葛底斯堡 (Gettysburg)、伊普尔 (Ypres)和凡尔登 (Verdun)战役中牺牲的人。维切尔·林赛 (Vachel Lindsay) 的诗歌《刚果河》(“Congo”) 描述了他眼中的非洲生活。他用人声或声音伴奏对作品加以注释。莎拉·蒂斯黛尔(Sara Teasdale)创作的短诗《阿玛尔菲夜歌》(“Night Song at Amalfi”) 间接提到了意大利小镇附近的一处水域。约翰·古尔德·弗莱彻 (John Gould Fletcher) 的《伦敦黄昏》(“London Nightfall”) 简洁地描述了夜幕降临时的伦敦。威廉·巴特勒·叶芝 (William Butler Yeats) 创作的诗歌《茵纳斯弗利岛》(“The Lake Isle of Innisfree”)描述了爱尔兰的一个地方，当地的景致吸引了他居住在那里。约翰·梅斯菲尔德（John Masefield）的《穿过合恩》(“Rounding the Horn”）描述了船员们在风暴中经过合恩角（Cape Horn）时所经历的磨难。詹姆斯·罗塞尔·洛威尔（James Russell Lowell）的诗歌《法兰西颂》(“Ode to France”）讲述了法国的发展历程。他在诗中提到了巴黎、比利牛斯山（Pyrenees）和莱茵河（Rhine）。他的另一首诗歌《阿普尔多尔》(“Appledore”）讲述的是新英格兰（New England）一处海岸地区的岩石、海滩和风暴。

最著名的一首与地点相关的诗歌或许就是《在佛兰德斯战场》(“In Flanders Field”)，是作者约翰·麦克雷（John McCrae）为缅怀一战期间在比利时和法国一带阵亡的士兵而著。吉尔伯特·基思·切斯特顿（Gilbert Keith Chesterton）创作的《雷邦多》(“Lepanto”）讲述了1517年发生在希腊的一场大规模海战。

约翰·格林里夫·惠蒂埃（John Greenleaf Whittier）在诗歌中写到事和人的时候，常引用美国和其他国家的地点。这些地点在标题或诗节元素中均有出现，例如亚特兰大、加利福尼亚州芝加哥、特拉华州、苏必利尔湖、缅因州、马里兰州（以及弗雷德里克)、马萨诸塞州（以及巴恩斯特布、波士顿、汉普顿河、梅里马克河、诺纳德诺克山、彭塔基特、楠塔基特岛、纽伯里、沃楚西特和伍斯特郡)、俄勒冈州、宾夕法尼亚州（以及葛底斯堡)、波托马克河、内华达山脉、红河、得克萨斯州、弗吉尼亚州(以及罗阿诺克和约克镇)以及华盛顿特区。美国以外的地点包括阿伯丁、巴西、布鲁塞尔、锡兰、古巴、英格兰、芬兰、圣地、拉布拉多、黎巴嫩、那不勒斯、纽芬兰、佩鲁贾、罗马以及圣乔治河岸。对于给诗歌定基调和建立诗歌与地点之间的联系而言，惠蒂埃对地名的依赖至关重要。他经常极为详细地描述各地的自然环境。

戏剧

许多戏剧在标题和正文中提及地名。莎士比亚的作品便是如此。他经常使用地名，从国家名到当地村庄或自然景观的名字都有涉及，甚至还有一些传说中的地名。使用地名的原因显而易见：确定戏剧背景；人物关系需与某个国家、省份、城镇或村庄相关联；特定场景发生在指定地点；引用遥远的地点是为了烘托相应的气氛；引用古代文学中一些神话的地点是为了采用类比或开始新的主题。

随机挑选几部莎士比亚的作品都足以说明他对地名使用之频繁。在《安东尼与克莉奥佩特拉》(*Antony and Cleopatra*)的第六幕第三场中，凯撒提到了罗马、亚历山大、埃及、叙利亚、塞浦路斯、吕底亚、米底、帕提亚、亚美尼亚、西里西亚、腓尼基、西西里岛、利比亚、卡帕多西亚、帕夫拉戈尼亚、特拉斯、阿拉伯、庞德、科马根和利卡尼亚。下一幕中，安东尼提到了塔兰托、布林迪西、爱奥尼亚海、托里涅和法尔萨利阿。1997年，该剧在华盛顿特区上演时，一开始便展开了一大幅地图，上面有罗马帝国的地名，凯撒会在其台词中提及。戏剧《麦克白》(*Macbeth*) 提到了一些与场景相关的地点: 伯南伍德 (一座森林)、坎伯兰、法夫、爱尔兰、挪威、苏格兰、西部群岛 (苏格兰西部和爱尔兰)、斯昆和苏格兰地区 (考德、格拉密斯和罗斯)。该剧中还提到了阿勒波、阿拉伯和各各他。在《无事生非》(*Much Ado about Nothing*) 中，开头提到了阿拉贡和墨西拿，这即刻就将意大利确定为该剧的背景。另外还提到了帕多瓦和意大利。《威尼斯商人》(*The Merchant of Venice*) 提到了巴拉里奥、巴巴里、贝尔蒙特、英格兰、印度、印度群岛、里斯本、墨西哥、帕多瓦、里亚托和特里波利斯。《哈姆雷特》(*Hamlet*) 中，提及的地名包括巴巴里、丹麦、埃尔西诺、英格兰、法国、以色列、诺曼底、挪威、波兰、罗马、维也纳和维滕贝格。《亨利五世》(*Henry the Fifth*) 是一个关于英国国王和当代君主的故事，其中也有很多地名。有几个地名虽出现在贵族头衔中，但仍能起到明确地点的作用。这些地名包括阿金库尔、贝德福德、贝里、布拉班特、布列塔尼、剑桥、坎特伯雷、克里特岛、多佛、埃克塞特、冰岛，易北河、伊利、英格兰、法国、德国、洛林、马沙姆、迈森、诺森伯兰、奥尔良、巴黎、波兰、哈雷、苏格兰、南安普顿、威尔士和威斯特摩兰。当提到来自不同地区的人时，国家或其他地名的形容词形式也很常见。

音乐

古典音乐

地名在许多古典音乐作品的标题中都有出现。珍妮弗·古登伯格 (Jennifer Goodenberger) 在《古典器乐主题指南》(*Subject Guide to Classical Instrumental Music*) 的前言中写道:“几个世纪以来，作曲家们一直从音乐以外的来源和周围世界中汲取创作灵感。”[6] 在谈到世界时，作者会提及许多地名，因此该书也提到了一些国家、城市、省份和景点。另一本出版物是1975年版的《音乐作品常用标题与副标题》(*Popular Titles and Subtitles of Musical Compositions*)，作者是弗雷达·帕斯托尔·伯科威茨 (Freda Pastor Berkowitz)[7]，其中也提到了地名和音乐，主要是古典音乐。

以地名作标题给音乐作品带来一种感觉，即音乐与某个地点有某种联系，因而具有特殊品质。安东尼·德沃夏克 (Antonin Dvořák) 的钢琴二重奏作品68号，名为《来自波希米亚林山》(“*From the Bohemian Forest*”)，这无疑表明了作曲家希望将他对曲名中地点的观察转化为音乐。德沃夏克还试图在《兹洛尼采的钟声》(“*Bells of Zlonice*”) (波希米亚的一个小镇，历史上曾属捷克斯洛伐克) 中捕捉到那里的原貌。贝德里赫·斯美塔那 (Bedrich Smetana) 创作的《我的祖国》(“Ma Vlast”) 由六首交响诗组成，反映出他对波西米亚的情感。其中一首名为《沃尔塔瓦河》(“*Vlatava*”，德语为“*Die Moldau*”)，它捕捉到了位于捷克共和国境内的这条主要河流的特征，在捷克布杰约维采（České Budějovice，德语为“Budweis”）附近的山脉上升，通过比尔森（Plzeň，德语为“Pilsen”），之后沿捷克共和国与德国的边界流入易北河（Elbe River）。音乐真实地描述了河流特征，一开始是小溪，然后穿过急流，最后缓缓地通过平坦的地区。再加上一个大自然的音符，最后一部分也暗指明月升空。

在《巴赫风格的巴西组曲》（“Bachianas Brasileiras”）中，有人声、钢琴和管弦乐队，埃托尔·维拉–洛博斯（Heitor Villa-Lobos）提到了巴西的五个地点。他的第六交响曲《巴西蒙塔尼亚斯》（“Montanhas do Brazil”）主要展现出里约热内卢（Rio de Janeiro）附近一座山脉的轮廓。[8]卡尔·尼尔森（Carl Nielsen）写了一首名为《法罗群岛之旅》（“Journey to the Faroe Islands”）的管弦乐作品。巴赫（J.S. Bach）创作了六首名为《英国组曲》（“English Suites”）的键盘作品，另外六首名为《法国组曲》（“French Suites”）。达律斯·米约（Darius Milhaud）在他的交响乐作品《阿尔萨斯风光》（“Scenes Alsaciennes”）中，用法国省份为五首交响诗命名。费利克斯·门德尔松（Felix Mendelssohn）曾前往爱丁堡，对那里产生了极为深刻的印象，并在此创作出了他的第三部交响曲，名为《苏格兰交响曲》（“Scotch Symphony”）。后来的意大利之行让他的第四部作品《意大利交响曲》（“Italian Symphony”）问世。沃尔夫冈·阿玛多伊斯·莫扎特（Wolfgang Amadeus Mozart）在他的巴黎之行期间，创作出了第31号交响曲《巴黎交响曲》（“Paris Symphony”）。他的第36号交响曲《林茨交响曲》（“Linz Symphony”）和第38号交响曲《布拉格交响曲》（“Prague Symphony”）均与这些城市有关。谢尔盖·普罗科菲耶夫（Sergei Prokofiev）在第二次世界大战期间写下了《斯大林格勒奏鸣曲》（“Stalingrad Sonata”），当时这座城市正被德军包围。拉尔夫·沃恩·威廉斯（Ralph Vaughan Williams）虽从未到过南极，却创作出了第七交响曲《南极》（“Antarctica”），他用乐器、人声和风声模仿出他认为南极必不可少的景象。这首作品是为电影《南极的司考特》（*Scott of the Antarctic*）而作。

约翰·塞巴斯蒂安·巴赫（Johann Sebastian Bach）的《勃兰登堡协奏曲》（“Brandenburg Concertos”），不仅为了纪念他的赞助人——勃兰登堡王子，也间接与同名的德国行政区域关联起来。约翰内斯·勃拉姆斯（Johannes Brahms）将其第二交响曲命名为《韦尔特湖》（“Wörthersee”），以怀念湖泊周围的景色。这个湖泊位于奥地利南部，作者曾在此居住过一段时间。他还写了一些匈牙利狂想曲，这些旋律让他回忆起在匈牙利听到的歌曲。弗朗茨·约瑟夫·海顿（Franz Joseph Haydn）的第104号交响曲是《伦敦交响曲》（“London Symphony”）。他和弗朗茨·李斯特（Franz Liszt）同样创作了与匈牙利有关的作品。在罗伯特·舒曼（Robert Schumann）的第三交响曲《莱茵》（“Rhenish”）中，作者试图表现莱茵河地区的风景，因为他此前进行了科隆（Cologne，位于德国，德语名为Köln）之旅。也许最新的一首有国家情怀的音乐作品就是由阿诺德·萨尔兹曼（Arnold Saltzman）创作的《以色列交响曲》（“An Israel Symphony”），萨尔兹曼曾是华盛顿特区犹太会堂（Adas Israel Congregation）的领唱，1998年6月他在那里举行了首演。

在欣赏美国的自然和美景方面，阿隆·科普兰（Aaron Copland）创作的有关美国风景的音乐功不可没。他的《阿帕拉契亚之春》（“Appalachian Spring”）和《大峡谷组曲》（“Grand Canyon suites”）在很多方面都称得上是地名歌曲的代表作。

然而，有时并不总是作曲家才引用地名。在某些情况下，熟悉作曲家的出版商也会出于某些原因以地名为作品命名，其中一个原因就是让这些作品在相应地点受到观众喜爱，并取得商业成功。海顿的《意大利序曲》（“Italian Overture”）就是一个例子。

流行音乐

流行歌曲，尤其是在美国创作的流行歌曲，都被杰夫·格林（Jeff Green）依据地名和其他主题列入《歌曲主题绿皮书：流行音乐主题指南》。[9]上文提到，作曲家们从音乐以外的来源和周围的世界中获取灵感，这种说法更适用于流行音乐。这种形式的音乐标题和歌词已经融入了各种各样的想法和关联。在大多数情况下，地名用于唤起浪漫的感觉或对特定地点及自然景观的熟悉感。被当地人熟识的地名通常会让这首歌在他们当中流行起来，但也有一些例子说明音乐的魅力也会让某个地点广为人知。歌曲也可能包含地名，因为作曲家或词作者认为它们传达了一种吸引人的地理信息或催生出有趣甚至滑稽的声音。毫无疑问，运用地名也被视为一种推广音乐的方式。

格林的书中列出了大约900个出现在流行音乐标题或歌词中的美国城市或地名，例如阿比林（Abilene）和伍德斯托克（Woodstock）。美国的50个州都被提及，其中最常提及的是亚拉巴马州、肯塔基州、路易斯安那州、田纳西州和得克萨斯州。这本书提到卡罗来纳或卡罗来纳州约30次，其中可能包括北卡罗来纳（只出现5次）和南卡罗来纳（只出现1次）。另一方面，马萨诸塞州只被提及4次，犹他州则被提及5次。显然，西部或乡村音乐与某些州相关。

美国和其他地方的地名在美国流行歌曲中曾盛行多年。然而，自20世纪60年代以来，娱乐方式已经发生了根本性的变化，其他的主题似乎也变得流行起来。至于带地名的歌曲，1950年以前出生的人很容易记起这些歌名：

《再见罗马》（“Arrivederci, Roma”）

《沃巴什河畔》（“By the Banks of the Wabash”）

《加州，我来了》（“California, Here I Come”）

《把我带回弗吉尼亚故乡》("Carry Me Back to Old Virginny")
《迪克西》("Dixie")
《我的心留在旧金山》("I Left My Heart in San Francisco")
《情定迈阿密》("Moon over Miami")
《佛蒙特州的月光》("Moonlight in Vermont")
《清晨的加州》("Carolina in the Morning")
《通往曼德勒之路》("On the Road to Mandalay")
《美丽的俄亥俄（河)》["The Beautiful Ohio (River)"]
《红河谷》("The Red River Valley")

许多流行歌曲为纪念英格兰、苏格兰和爱尔兰而创作。较为著名的两个作品，一个是苏格兰的《罗梦湖的美丽湖岸》("By Yon Bonnie Banks")，另一个是《当爱尔兰的明眸微笑时》("When Irish Eyes Are Smiling")。由小约翰·施特劳斯（Johann Strauss Jr.）创作的关于奥地利河流的乐曲《蓝色多瑙河》("The Blue Danube")，在世界各地广为流传。

加拿大的流行音乐也常提到地名。例如，魁北克省（Quebec）有大约35首包含地名的歌曲。[10]毫无疑问，其他国家也有带地名的歌曲。

歌曲也用地名来达到抒情或诙谐的目的。《我在卡拉马祖遇到一个女孩》("I Got a Gal in Kalamazoo"）和《查塔努加啾啾》("Chattanooga Choo-choo"）就是两个例子。20世纪50年代的一首热门歌曲《带我回到君士坦丁堡》("Take Me Back to Constantinople")，说明了它现在的名字"伊斯坦布尔"(Istanbul）以及改名的原因。

特别的音乐

或许在所有流行歌曲中，歌曲《我去过每一个地方》("I' ve Been Everywhere"）中出现了最多的地名，这是杰夫·麦克（Geoff Mack）于1962年创作的一首歌曲，歌曲中一位搭便车的旅行者提到了他到过的99个地方（其中3处位于美国)。这些地点并不代表旅行的逻辑顺序，而是为了押韵。以下的例子说明了这一点。第一节从下列地名开始：里诺（Reno)、芝加哥（Chicago)、法戈（Fargo)、明尼苏达（Minnesota)、布法罗（Buffalo)、多伦多（Toronto)、温斯洛（Winslow)、萨拉索塔（Sarasota)。另一节开始提到的地名是匹兹堡（Pittsburgh)、帕克斯堡（Parkersburg)、格拉韦堡（Gravellburg)、科罗拉多 (Colorado)、埃伦斯堡 (Ellensburg)、雷克斯堡 (Rexburg)、维克斯堡 (Vicksburg)、埃尔多拉多（Eldorado)。虽然在音乐中已经包含了搭便车旅行者游历的范围，但地名还是唤起了与这些地点相关的联想，为这首歌增添了一丝趣味。

有一首带有地名而又不同寻常的歌曲叫作《地理赋格》(“Geographical Fugue”)，它是由德国作曲家恩斯特·托赫（Ernst Toch）于1930年创作的无伴奏合唱音乐。它的歌词包含了世界上12个地点和景点的名称。演唱者（男声和女声）偶尔会以不同的顺序合唱出几个名字；有时，一些演唱者会慢慢地唱出一个名字，而其他演唱者则会更快地唱出一个不同的名字，以达到对比的效果。这首歌有音乐小节，但除了个别表示高音或低音的固定音调，基本无音高。托赫从德国移民到美国后，把一些地名改成了比原来德语更容易发音的单词。例如，这首歌一开始提到的“拉齐布日”(Ratibor)(原位于德国、现位于波兰的小镇，德语名为“Raciborz”)，后改为“特立尼达”(Trinidad)。因为最初的字母r在德语中有一个颤音，作者想要保留。但类似的颤音在英语中很难发音，而“特立尼达”在发音方面则更为合适。这首歌的歌词是“特立尼达和大密西西比（Mississippi)、火奴鲁鲁镇（Honolulu）和的的喀喀湖（Titicaca)。波波卡塔波特伦（Popocatapetl）不在加拿大，而在墨西哥。加拿大、马拉加（Malaga)、里米尼（Rimini)、布林迪西（Brindisi)，还有西藏（Tibet)、长崎（Nagasaki)、横滨(Yokohama)。”[11]虽然这首歌并没有给出具体信息，但音乐表现形式既独特又有趣。

1985年，弗吉尼亚州里士满的小学音乐教师特丽莎·苏利文·兰森（Theresa Sullivan Ranson）创作了一首只有地名的歌曲，名为《地图歌》(“Map Reading Song”)。这首歌实际上包含了13首歌曲，其中收录了世界上所有国家及各国首都、美国及各州首府、11个地区(如中美洲和密克西亚)，以及世界各地总计70个水域的名称。兰森太太写这首歌是因为她认为所有学生都应对地理和地图有一些了解。她有约100名五年级学生，都在用心学习这些地名，并在她的钢琴伴奏下演唱。这些对世界地名熟知的学生们被称为“全球霸主”(Globemasters)，曾在国内外的诸多学校表演过。1995年4月，为庆祝美国地名委员会第200次会议，他们在华盛顿特区进行表演。整个表演持续了大约25分钟，提到了多达560个地名。[12]随着国名的变化，定期修订十分必要。毫无疑问，该作品包含的地名比其他任何歌曲都多。

爱国歌曲

地名有时也被用于国歌和爱国歌曲中。《世界各国国歌》(*National Anthems of the World*)[13]一书涵盖了182个国家的国歌，包括那些在冷战结束后首次获得或重新获得独立的国家。如有需要，这本书还可包含配乐和英语翻译。奇怪的是，将近一半的国歌不包含国家的名字或相关的形容词形式。这种情况可以归结为几个原因。最主要的原因或许是，当一首国歌和韵律写好时，这个国家可能还没有名字。此外，许多歌曲能够唤起人们对民族和文化特征的关注，有这些就足够了，人民的爱国之情通过国歌得以弘扬。例如《星条旗》(“The Star Spangled Banner”）就没有提到美利坚合众国。而歌曲《美丽的亚美利加》(“America the Beautiful”) 中每节都提到了美国。其他爱国歌曲可能并未具体提到美国，但关于这一主题却几乎毋庸置疑。同样，法国和英国的国歌也没有提到相应国家的名字。另一方面，加拿大国歌以“噢！加拿大”开始。在战争时期，歌曲主要涉及自己的国家、敌人的国家和士兵驻扎的地方。在第一次世界大战期间创作的歌曲中，有英国歌曲《去蒂伯雷利的漫漫长路》(“It’s a Long Way to Tipperary”) 和《阿尔芒蒂耶尔的少女》(“Mademoiselle from Armentïétres”)。第二次世界大战期间，非常流行的一首英文歌曲是《多佛白崖》(“The White Cliffs of Dover”)。

宗教歌曲

提到地名的宗教歌曲主要是基督教赞美诗一类，其中一些歌曲提及了以下地名，如以色列、耶路撒冷、锡安、伯利恒和拿撒勒。圣诞颂歌常提到这些地名。联合基督教会 (United Church of Christ) 1978年出版的赞美诗集中包括许多地名，既有刚才所说的，也有其他的。其中一首赞美诗提到了三角洲 (尼罗河流域)、尼罗河和埃及。这本书和其他教派的书中还提到了非洲、巴比伦的两河流域、伯特利、加略山、迦南、锡兰、大卫城、加利利、客西马尼、格陵兰、印度和约旦。大多数地名主要是为了提醒唱宗教歌曲的人们，这些地方是基督教的重要组成部分，但也有些是为了比喻而提到的。使用这些地名有助于传达事件和地点之间的重要联系。

无书面语地区的歌曲

在马来西亚半岛的部分地区生活着土著民族特米亚人 (Temiar)，他们的传统可能已经有几百年的历史了。那里的人们通过歌曲传递各种信息，涉及他们的祖先、他们的生活习俗、他们领土的自然环境——包括景观名称——他们的健康状况，以及其他个人和群体的情况。[14]

绘画和摄影

风景是绘画和摄影中的常见元素。很多情况下，作品的标题会包括所描绘的特定景点或相关地点的名称。备受赞誉的山水画作品多出自克劳德·莫奈 (Claude Monet)、卡米耶·毕沙罗 (Camille Pissarro)、皮埃尔·奥古斯特·雷诺阿 (Pierre August Renoir)、阿尔弗莱德·西斯莱 (Alfred Sisley) 和其他印象派艺术家，他们描绘了19世纪后期塞纳河及其周边的景色。菲利普美术馆 (The Phillips Collection) 是华盛顿特区的一个艺术画廊。该馆于1996年底至1997年初举办了一场名为“印象塞纳”(Impressionists on the Seine) 的展览。在展出的60幅画作中，有54幅描绘了与巴黎相关的地点，以及塞纳河畔的十几个城镇，这些城镇主要位于巴黎下游。一些作品描绘的是小片区域，而另一些则描绘了与塞纳河相关的广阔景致。大多数标题都标明了河流名称以及一个特定景点，如一个定居点或一个地区。其他的标题则标明了河流名称和人们的某项活动，如划船或野餐。此类标题包括莫奈的《本讷库尔的塞纳河畔》(*On the Bank of the Seine, Bennecourt*)、毕沙罗的《马利港的塞纳河》(*The Seine at Port Marly*)、雷诺阿的《塞纳河上划船》(*Boating on the Seine*) 和西斯莱的《阿让特伊塞纳河畔》(*Banks of the Seine at Argenteuil*)。塞纳河作为艺术主题的受欢迎程度反映了它作为地理景观的重要性，它既是交通动脉、经济资源，又是休闲和娱乐之处。描绘热门自然景观的类似艺术创作几乎在所有国家都存在。

在某些情况下，艺术家可能是为数不多的几个见过所画之处的人，但随着时间的推移，所画之处变得越来越为人所知。无论标题提到的区域或景观是被少数人所知，还是被许多人所知，作品所呈现的风景很可能与今天欣赏者看到的截然不同。画家韦思 (W.C. Wyeth) 笔下的精美画作《查兹福德景色》(*Chadds Ford Landscape*) 展现出宾夕法尼亚州的乡村景色，有田野、树木、农舍和谷仓，以及附近的山丘。然而，画作自 1909 年问世以来，当地的景致发生了巨大的变化。温斯洛 · 霍默 (Winslow Homer) 曾画过许多河流、海岸地区、海景和乡村地区，并为每幅画作起了当地的名字，其中包括位于新英格兰、加勒比和英格兰的许多地方。毫无疑问，他抓住了这些地方的原貌，并为其冠以合适的名称。还有画家约翰内斯 · 维米尔 (Jan Vermeer)，听闻他很少在故乡荷兰以外的地方游历，主要描绘代尔夫特 (Delft) 和周边地区的景色。有趣的是，他还爱好制图学和地理学，在他的一些画作中，人们的居所背景中曾多次出现地图。

风景和自然景观也是业余和专业摄影师的共同主题。游客们经常会寄风景明信片，并写下“玩得很开心，希望你也在这里”的字样。说到专业摄影师，安塞尔 · 亚当斯 (Ansel Adams) 以其令人印象深刻的风景照闻名于世，他常以拍摄地的名称为作品命名。或许最著名的就是《半圆山，雷雨云》(“Half Dome, Thunder Cloud”)，拍摄于约塞米蒂国家公园 (Yosemite National Park)。约翰 · 沙科夫斯基 (John Szarkowski) 在他介绍亚当斯照片的一书中提到，亚当斯拍摄出了“技术上完美无瑕的壮丽风景照”。[15] 另一名摄影师爱德华 · 斯泰肯 (Edward Steichen) 拍摄了风景、建筑、植被和其他户外场景，并且每张照片都以地点命名。

注释

1. 马塞尔 · 普鲁斯特 (Marcel Proust)：《追忆逝水年华》(*Remembrance of Things Past*)，纽约：兰登书屋，1934，2：296。

2. 同上书，2：720。

3. 凯瑟琳·诺里斯 (Kathleen Norris)：《达科他：地理灵撷》(*Dakota：A Spiritual Geography*)，纽约：蒂克纳＆菲尔茨出版社，1993。

4. 加里森·凯勒 (Garrison Keillor)：《莱克乌比冈的日子》(*Lake Wobegon Days*)，纽约：维京企鹅图书公司，1985。

5. 斯蒂芬·文森特·贝尼特 (Stephen Vincent Benét)：《美国的名字》("American Names")，《魔鬼和丹尼尔·韦伯斯特(及其他作品)》(*Devil and Daniel Webster and Other Writings*)，纽约：企鹅出版公司，1927。1955年由罗斯玛丽·卡尔·贝尼特 (Rosemary Carr Benét) 再版。

6. 珍妮弗·古登伯格 (Jennifer Goodenberger)：《古典器乐主题指南》(*Subject Guide to Classical Instrumental Music*)，新泽西州梅塔钦：稻草人出版公司，1989。

7. 弗雷达·帕斯托尔·伯科威茨 (Freda Pastor Berkowitz)：《音乐作品常用标题与副标题》(*Popular Titles and Subtitles of Musical Compositions*)，第2版，新泽西州梅塔钦：稻草人出版公司，1975。

8. 瓦斯科·马里斯 (Vasco Mariz)：《埃托尔·维拉–洛博斯：拉丁美洲专著》(*Heitor Villa-Lobos：Latin American Monographs*)，盖恩斯维尔：佛罗里达大学出版社，1963，第46页。

9. 杰夫·格林 (Jeff Green)：《歌曲主题绿皮书：流行音乐主题指南》(*The Green Book of Songs by Subject：The Thematic Guide to Popular Music*)，纳什维尔：专业案头参考书出版公司，1995。

10. 亨利·多里翁 (Henri Dorion)，魁北克地名委员会前主席，私人通讯，1995。

11. 恩斯特·托赫 (Ernst Toch)：《地理赋格》(*Geographical Fugue*)，迈阿密：美国华纳兄弟出版公司。

12. 特丽莎·苏利文·兰森 (Theresa Sullivan Ranson)，1995年10月20日与作者通电话。

13. W.L. 里德 (W.L. Reed) 和 M.J. 布里斯托 (M.J. Bristow) 编辑：《世界各国国歌》(*National Anthems of the World*)，第8版，伦敦：卡塞尔出版社，1993。该书列出了182个"国家"，但并非所有"国家"的政治地位都被定义为完全独立和具有领土主权。例如，威尔士。因此，该出版物不一定符合美国或联合国有关国家术语的准则。不过，它确实让人认识到，不断变化的政治条件将继续对国歌产生影响。

14. 马瑞娜·罗斯曼 (Marina Roseman)：《山水歌者》("Singers of the Landscape")，《美国100位人类学家》(*American Anthropologist 100*)，2 (1998)：106-121。

15. 蒂姆·希尔 (Tim Hill) 编辑：《安塞尔·亚当斯作品集》(*The Portfolios of Ansel Adams*)，波士顿：利特尔＆布朗出版社，1981。

第三部分

❖

地名的变化性

在接下来的两章中，主要介绍地名如何频繁地发生变更，这种变更可能很轻微，也可能很彻底。更名的影响因素涉及面较广，例如政策、民族迁徙、军事活动，以及百姓追溯历史的主观需求。同时，本文也记录了一些对地名和公文通信有影响的书写系统。

第六章

那个地方到底在哪里？

新闻标题中的地名

记者报道新闻时，在关注“人物、事件、时间、经过”的同时，也会关注“地点”这一要素，所以在新闻内容甚至是新闻标题中一般都会点明事件发生地。对人们来说，被引用的地名经常显得新鲜而陌生，所以当这些地名第一次出现在标题中时，人们总是会问：“那个地方到底在哪里？”

“铁幕”（Iron Curtain）解除

第二次世界大战结束之后，尽管苏维埃联盟（the Soviet Union）与其内部各加盟国之间的关系相对稳固，但苏联自身的诸多缺陷，最终导致它的解体。在这次解体中，最关键的一件事当属1989年发生的柏林墙倒塌事件。紧接着，发生了一件举世瞩目的事情，东德［正式名称为德意志民主共和国（Deutsche Demokratische Republik）］脱离了苏联这个共产主义集团。随后，其他联盟主体也纷纷仿效。

不久后，波兰人民共和国（the Polish People's Republic）宣布独立，改名为波兰共和国（the Republic of Poland）。[1]随着苏联政治力量的削弱，其他盟国也相继宣布独立并修改了名称。他们大都保留了名称中较为传统的部分，但是摒弃了那些诸如“社会主义、民主、人民”等标志着共产主义的词汇。例如，阿尔巴尼亚社会主义人民共和国（the People’s Socialist Republic of Albania）改成了阿尔巴尼亚共和国（the Republic of Albania）；保加利亚人民共和国（the People’s Republic of Bulgaria）改成了保加利亚共和国（the Republic of Bulgaria）；罗马尼亚社会主义共和国（the Socialist Republic of Romania）变成了罗马尼亚（Romania）；[2]捷克斯洛伐克社会主义

共和国 (the Czechoslovak Socialist Republic) 改成了捷克斯洛伐克联邦共和国 (the Czechoslovak Federative Republic)。1993年，联邦共和国解体为捷克共和国和斯洛伐克共和国两个国家。斯洛伐克共和国公认斯洛伐克是本国的简写形式。几年后，捷克共和国也采用捷克作为本国的简写形式。

波罗的海三国爱沙尼亚 (Estonia)、拉脱维亚 (Latvia)、立陶宛 (Lithuania) 的名称经常会在新闻中出现。尽管这些地方加入了苏维埃联盟，而且在二战后也都声称属于苏联加盟共和国之一，但是美国从来没有官方承认过这些地方被苏联占有。随着政局的改变，东欧从1989年开始遭到沉重打击。随后，波罗的海三国相继宣布独立，成立爱沙尼亚共和国 (the Republic of Estonia)、拉脱维亚共和国 (the Republic of Latvia) 和立陶宛共和国 (the Republic of Lithuania)。

随着苏维埃联盟的瓦解，其他的联盟主体相继独立。俄罗斯苏维埃联邦社会主义共和国 (Russian Soviet Federative Socialist Republic) 改名为俄罗斯联邦。1991年，苏维埃联盟的大多数共和国组成了独立国家联合体，为各成员国进一步合作发展服务。

俄罗斯国内地名也发生了一些变化。列宁格勒 (Leningrad) 的公民通过投票将列宁格勒恢复为原名圣彼得堡［St. Petersburg或Petrograd (根据俄罗斯官方西里尔字母转写而成)］。然而，有很多人认为这是二战期间顽强抵抗德军的联盟堡垒而不希望改名。有趣的是，当地人为了保留住Leningrad这一名称，决定将此名称作为圣彼得堡的一个区名。到了1993年，苏维埃联盟中的15个共和国都已宣布独立。在此期间，为了表彰共产主义时代的英雄，政府不仅对国家重新命名，还对城市、政区、公园、道路、楼房等其他地理实体进行更名。可以说改动力度空前巨大，单就乌克兰 (Ukraine) 来说，有超过90%的名称计划进行修改。很多旧称重回人们的视野。

东南亚地名

地名不仅会受到政治因素的影响，它还会受到文化方面的影响。1989年，缅甸将本国名称由Burma改为Myanma。虽然Burma这一名称源于缅甸最大的民族，但是Myanma却能代表大多数人。美国官方称Myanma是缅甸的英文名，但是这确实叫人费解，因为Myanma是通过当地语转写而来的。随后，另一个让人困惑的声明表示，为了更好地发音，在Myanma的词尾应该加上字母r。问题是字母r如何发音呢？不过不管怎样，目前官方的拼写为Myanmar。不过美国还在坚持用Burma这个词。和缅甸接壤的柬埔寨也更改了名称。几年前，柬埔寨 (Cambodia) 声明本国的罗马化转写形式应该是Kampucha。这种转变也和一个常住民族有关，但是这种写法实际上只是Cambodia的别名。当地政府认为Kampucha在语音上更为合理。虽然美国认同这个观点，但在大多数场合仍用Cambodia。

越南美莱村(My Lai)——这么多美莱村(My Lai 1，My Lai 2，My Lai 3，My Lai 4，My Lai 5，My Lai 6)，到底是哪个？

在30年前，美莱村惨案引起了媒体的关注。1968年，美国士兵对越南某个地方的无辜百姓进行屠杀，随后相关部门对此事进行调查并展开审判。美军指挥官威廉·凯利（William Calley）是此事的主要负责人。针对此事件，一些作家写了相关书籍，最近出版的一本是《正视美莱村事件：超越大屠杀的悲痛》(*Facing My Lai: Moving Beyond the Massacre*)。[3] 20世纪70年代初，此事受到了高度重视。隶属美国地名委员会（Board on Geographical Names）的外国地名分会（Foreign Names Committee）的委员认为，有必要搞清楚这次事件具体是在哪里发生的。以他们对越南地名以及邻近几个国家地名的了解，他们认为称为美莱村的居民点不止一个。这是一种文化习惯，年轻人离开出生地后在别的地方建立起新的村庄，为了起到部落识别的作用，他们会沿用以前村庄的名称，只不过会在后面加上数字以示区别。美国地名委员会的委员称至少有12个居民点是以美莱村命名的。问题接踵而来，1968年发生的骇人听闻的惨案是否只发生在一个美莱村呢？还是说和其中的一些美莱村都有关系呢？又或者因为这个村有越南武装力量的顽强抵抗，导致另一个村才是真正的案发地呢？当时地图上显示出有六个美莱村，美军的指挥官会不会看错地图呢？[4] 因为官方并没有强制要求对此事进行探究，所以对于美莱村并没有更深一步的研究。虽然谁也不能为这一罪行开脱，但在军事行动中，如果军方事先就一些具有相同地名的独立地点进行仔细分析，则可能避免这类悲剧的发生。在这个事件中，如果美军提前参考过委员会的官方数据，那么误袭村庄一事很可能就不会发生了。

波斯湾（the Persian Gulf）还是阿拉伯湾（the Arabian Gulf）

在1990至1991年的海湾战争（the Gulf War）时期，波斯湾这一名称经常出现在新闻中，不过该名称引起了争议。尽管这个名称已被使用了很多年，[5] 但是美军指挥官要求将此处改为阿拉伯湾。这种提议也有一定道理，毕竟波斯（Persian）这一国家名称已于1920年改为伊朗（Iran）。[6] 美国和伊朗的关系并不好，在海湾西岸的美国盟国也都不用波斯湾这一名称。从美国发往这些盟国的邮件，如果地址中提到波斯湾，将会被拒收。

这个问题提交到美国地名委员会外国地名分会(Foreign Names Committee)。随后，中央情报局(Central Intelligence Agency)、国防部（Department of Defense)、国务院(Department of State）和国会图书馆（Library of Congress）的委员代表对此问题进行

了深入探讨。美国地名委员会的一大原则是任何国家都不能更改国际地理实体的传统名称，所以更名这一请求被驳回。更何况，波斯湾通过阿曼湾（the Gulf of Oman）与阿拉伯海相连。阿拉伯海西沿阿拉伯半岛，东临印度。如果更名，将会有两个专名均为“阿拉伯”的地理实体同时存在，势必会引起混乱。

过去新闻中的地名实例

奥地利的一些组织比较关注意大利（Italy）上阿迪杰（Alto Adige）地区的地名。在第一次世界大战之前，这个地区是奥匈帝国（Austro-Hungarian Empire）的一部分，当时被称为Süd Tirol（南蒂罗尔）。协约国的同盟们为了表彰意大利协助他们打败了德国和奥匈帝国，将上阿迪杰划分给意大利。此地区与奥匈帝国之间隔了一条山脉，所以从地理结构上看，此地区理应属于意大利。而且意大利政府表明，意大利人以前就定居于此。如果允许奥地利（奥匈帝国解体后，奥地利宣布成立共和国）继续使用Süd Tirol这一名称，将会给奥地利带来战略优势，这既不公平，也影响到意大利在未来战争中的表现。不管怎样，当意大利占有这个地区之后，就开始逐渐将此处的地名意大利化。例如，地名Bozen（博岑）改为Bolzano（博尔扎诺）。不仅如此，道路、宾馆甚至墓碑上的人名都进行了修改。能想象出，当地的奥地利人是十分愤怒和沮丧的。多年来，一些奥地利人试图保留那些历史悠久且合法的地名，他们认为那些名字是祖先留下来的。意大利和奥地利的代表对此事进行了探讨，但直到1999年末，奥地利人的诉求也未得到解决。

注释

1. 本章内容中涉及的名称信息在大多数情况下提到的都是简称，并不是全称或是本地官方名称。波兰（Poland）是波兰共和国（the Republic of Poland）的简称。在第十一章“地名术语”中有更多关于这方面名称的详细介绍。

2. 令人好奇的是，罗马尼亚是目前的唯一名称，没有其他正式名称或简称。

3.《正视美莱村事件：超越大屠杀的悲痛》(*Facing My Lai*：*Moving Beyond the Massacre*)，作者是戴维·安德森（David Anderson），1998年堪萨斯大学出版社出版。书中记录了审判中在场的士兵和军官等40余人的评述。

4. 位于帕克分校（College Park）的美国国家档案馆（National Archives of the United States）有一些关于此事的资料，报告中称，涉及军事行动的村庄有六个（分别是美莱1村、美莱2村、美莱3村、美莱4村、美莱5村和美莱6村），但大多数发布的消息或出版物中都只提到美莱村，有证据表明美莱4村是案件发生的中心。

5. 有些地理实体并不只在一个国家的管辖范围内，有可能是位于两个或更多国家的管辖范围，这些地理实体称为“国际地理实体”。这些国家可以对相应管辖范围内的地段进行命名。以前，波斯对这个区域的影响较大，经过几世纪的影响，此处命名为波斯湾，至少英文是这样称呼的。这个名称也得到了广泛的认可。

6. 伊朗并没有对波斯湾进行更名。

第七章

多语言国家的地名

不同的语言，不同的地名

很多国家的居民不只说一种语言[1]，这种情况下，一个地名的称法很有可能不止一种。地理实体的名称和拼写也会根据语言的不同而不同。有的国家除了有一种或多种官方语言外，有的居民还会说其他非官方语言，这些居民很希望自己的语言和地名文化得到认可。有些语言没有相应的文字，这就为当地的地名识别增加了难度，“一个地名只能有一个名称”的标准化原则受到了挑战。一地多名的现象会给人们出行带来困扰，这种现象是普遍存在的，即使是在只有一种语言的国家也会出现此类情况。除此之外，根据书写系统拼写的名称也十分混乱。这一主题的内容，详见第十二章“讲英语的人如何读写阿拉伯语或俄语地名？”。

世界上一共有多少种语言？

精准计算世界上共有多少种语言是很困难的，因为有的语言只有一少部分人说，有的可能是方言，也有的可能没有文字。我们从翔实的资料中了解到，若细分到语支这个层次，全世界有近8000种语言[2]，其中仅非洲大陆就有1000多种，新几内亚岛(New Guinea)约有700种。生活在美国的印第安人有50多种不同的语言。其实以前的语言种类更多，但是受全球化、社会和民族等因素的影响，很多语言已经消失了。

语言和地名有着十分密切的联系。如果当地居民的语言没有对应的文字，那么地名也就不会有相应的文字记载。地名的出现也取决于当地居民是否有意识地按照他们自己的理解给地理实体命名。他们有可能仅仅使用“河、湖”等通名(generic term)来指代地理实体。即使在某种程度上可以使用文字的民族，他们也有可能仅通过通名来标识地理实体[3]。这样的地名往往只在一定范围内使用，而其他地方的人们一般并不认识。

很多民族通过军事或政治行动来扩大自己的疆域，在这个过程中，经常出现使用其他语言的异族被吞并的情况。由于诸多因素，如一个地方的语言和文化的动态变化，使得攻占方带来的语言会受被占方使用习惯的影响而发生改变。反之，被占方当地的语言也会受到攻占方语言的影响，甚至会被其替代。另外，如果当地隔绝、闭塞，那么这里的语言很容易受到影响而变得面目全非。这些影响会推动语言变得更加复杂，而这种复杂化会随着当地居民对语言的认可和保护进一步加深。

多语言国家地名实例

瑞士（Switzerland）有四种官方语言，65%的人口说德语，18%的人口说法语，12%的人口说意大利语，1%的人口说罗曼什语。由于有四种官方语言，所以瑞士的国家名称有四种拼写形式：德语拼为Schweiz，法语拼为Suisse，意大利语拼为Svizzera，罗曼什语拼为Suiza。由于罗曼什语的使用人口较少，所以首都的拼写形式只有三种：德语拼写为Bern，法语拼为Berne，意大利语拼为Berna。除首都外，其他的地理实体一般也都会有两个或多个常用名称，但如果某个地区有一种语言在上述三种主要语言中居于支配地位，那这个地区的地名基本上都是以当地这种强势语言命名的。如果各语言之间的地位相差不太悬殊的话，那么路牌上也会写上两种语言（当然如果需要也可能是三种）。瑞士之所以有不同的语言，是因为早期它是由不同的政治实体组成。1291年，三个地区结成同盟，奠定了瑞士作为独立国家的基础。随后的几百年间又有其他地区不断归入瑞士。

如今，在那些早期被外族入侵的地方，原住民的后代正努力尝试重新捡拾起以前的语言和过往的地名。在爱尔兰（Ireland），人们发起了一场保护行动，一边以重塑本地语言为目标推广盖尔语，一边开展盖尔语地名的甄别工作。同样，威尔士（Wales）也开展了威尔士语地名保护行动，同时公布了一些被官方认可的威尔士语地名。

苏联在1990年7月的时候，全国范围内大概有超过200种语言和方言。其中，使用人数超过100万的语言就有至少18种。15个共和国都有独立的母语，尽管它们中间有些是有密切联系的。大多数主要语言都有不同的书写系统。尽管在苏联时期，各共和国都会使用自己的语言，但是对于那些在其他共和国工作的人来说，俄语仍然是他们的官方语言。同样，俄语的西里尔字母是苏联的官方书写系统。苏联解体之后，独立的各个国家有了自己本国的语言和书写系统，随着历史变迁，很多地名都进行了更改。

这些新独立的国家都在忙于恢复国民经济，同时重新组建国家机构，其中也包括负责地名事务的相关机构。一些国家通过与美国地名委员会交流合作，对地名标准化的相关流程、原则和政策进行了解。

加拿大 (Canada)有两种官方语言——法语和英语。法语主要是在魁北克 (Quebec)使用。加拿大所有的官方文件都会用两种语言进行书写。一些居民，尤其是定居在东部的居民，两种语言都使用。而且加拿大政府员工不论在哪个地区工作，都被要求同时掌握两种语言。另外，也有一些地区使用其他种类的语言，既包括一些在英国人、法国人到来之前就有原住民（印第安人和因纽特人）居住的地区，也包括一些俄罗斯移民聚居的地区。这些对地名的影响是显而易见的。为了体现法语地名文化，魁北克有相应的地名标准化机构——魁北克政府地名委员会（Gouvernment du Quebec Commission de Toponymie)。不过目前来看，魁北克还存在一些英语地名或当地印第安语地名。一些比较大的地理实体如河流、湖泊是用英语和法语两种语言拼写的。加拿大的其他地区也有类似机构。这些机构在负责其管辖范围内的名称时，常常与加拿大地名委员会（Geographical Names Board of Canada）就一系列政策和程序进行合作。

很多加拿大的组织通过和少数民族合作，共同发展标准的书写系统。在大约200年前，一些基督教传教士推动了音节书写系统的发展，这些成果在得到改进之后，至今仍具生命力。由于书写系统的用户群文化传统各异，导致书写系统多样化，这给建立并促进书写系统的良性发展带来了困难。目前的系统主要基于带有非字母图符的罗马字母之上。加拿大的因纽特人（Inuit people）人数虽占少数，但却分布在东北部的广阔地区并使用多种语言。1999年，加拿大在东北部建立了一个新的地区，此地区称为努纳武特（Nunavut)，面积大约占全国的25%，通过语言学家的努力，当地官方语言的书写系统得到了发展，一些方言和非字母元素的书写系统也得到了完善。在育空地区 (Yukon Territory)，一些地名拼作“Kweteni?aá”(此处的“?”非乱码，而是地名中的字符。——译者)、“Xây Gûn”“Nàgas’ èX’ àyi”和“Nii’ ii”。这类地名应该可以满足当地人的使用需求，也应该和他们的语言特性相一致，但是其他地方的人却不容易理解这些地名背后所传达的信息。即便随着使用的普及，这些地名可能会印在地图或地理资料上，但很大一部分加拿大人可能都看不懂。

南非（South Africa）正在考虑逐步将体现荷兰和英国殖民时期历史的城市名或其他地理实体名称进行更名。在南非种族隔离制度结束后，各民族逐渐有了话语权，这个国家的地名也亟待更新。在南非，人们使用19种不同的语言，其中11种是官方语言。随着时间的推移，有些地名或许会被新名称替代，如曾经的比勒陀利亚(Pretoria）更名为茨瓦内（Tshwane)。谁知道未来会不会像当地居民所期望的那样，每个地名都有许多其他合法的名称呢？目前，开普敦（Cape Town）还有其他五种名称，如Ekapa，Kaapstad，Kapkaupunki，Kapstadt，Le Cap。为了解决此类棘手问题，该国当局正在筹划组建相关的地名机构。[4]

印度（India）有16种不同的官方语言，其中印地语和英语占主导地位。另外，在官方语言之外的其他24种语言中，每种语言都至少有100万人使用。除此之外，还有很多其他种类语言，其中很多种语言是不能互通的。印度的文盲率达到48%，这意味着印度的一些语言并没有文字。可见，地名标准化任务在印度执行起来很有难度。印度也曾有一些地名更名的例子，如孟买的英文拼写由Bombay改为Mumbai、马德拉斯（Madras）改为金奈（Chennai）等，都曾经引起媒体的关注。

在美国，地名也处于动态变化中。早期来美国的探险家和定居者使用的语言种类相对较多，如西班牙语、法语、英语、德语、荷兰语等。久而久之，一些地区也开始使用这些语言了，就像前面讲述的，这些语言逐渐对地名产生了影响。英语是美国的官方语言，而且这也被绝大多数州认可，不过移民者的语言在他们的定居点还是比较普及的。[5]

一段时间以来，原住民本土意识的觉醒给地名复兴运动注入了活力。在这方面，有两座山的名称曾经受到媒体广泛关注。一座是位于华盛顿州（the State of Washington）的雷尼尔山（Mount Rainier），当地支持者称之为塔科马（Tacoma）山，除了当地人，还有些支持者认为塔科马才是原始名称。另一座山是阿拉斯加（Alaska）的麦金利山（Mount Mckinley），它曾经被称为迪纳利（Denali），后者是当地的印第安语地名。(译者注: 后来在2015年，为突显原住民文化意涵，麦金利山正式更名为迪纳利山) 另外，印第安人和他们的支持者已经开始对不符合本土文化的地名进行修改。第十九章“存在争议的地名”中主要讨论了这类情况。

随着美国西班牙语人口的增多，越来越多的地名会按照西班牙语拼写习惯进行拼写。这些西班牙语地名中保留了变音符号。同样，夏威夷州（State of Hawaii）认为本土名称应该被保留，为了保证地名完整，应加上变音符号或其他特殊符号，美国地名委员会认同这种做法，至少接受了当地地名拼写的变体形式。美国地名委员会的国内地名分会（Domestic Names Committee）每个月开一次例会讨论此类情况。在1998年7月的会议上，委员会对关岛（Guam）的首府名称进行复审，并接受了关岛立法机构的提议，将阿加尼亚的拼写由Agana改为Hagatña。[6]

另外，有些地区是没有文字的，但却有地名，怎样获取和记录当地的地名一直是难以解决的问题。即使在有文字的地区，通过实地调查记录某些地理实体名称也比较困难。[7]

随着各地交流的普及，全世界的联系越来越密切。为了便于记录地名，人们对很多区域的语言或文字需要有更深入的了解。例如需要对少数民族语言，甚至是已消失的语言进行识别，还要为没有书写系统的语言创造文字。随着对世界语言的认知度和本土文化意识的不断提高，地名事业将会迎来不小的挑战。

注释

1. 有关语言的定义见第一章“什么是地名？”中的注释1。

2. 克里斯托弗·莫斯利（Christopher Moseley）和R.E.阿舍（R.E.Asher）编辑：《世界语言地图集》(*Atlas of the World's Languages*)，伦敦：劳特利奇出版社，1994。

3. 第十一章“地名术语”中介绍了通名等和地名有关的术语。

4. 南非的民族多样性对地名管理造成了一定的冲击。一位南非白人作为南非代表在联合国会议上一直起着非常积极的作用。但后来此代表在2000年1月的联合国专家组会议上被一位黑人代表取代了。会上为各国代表分发的报告中指出，之所以做此改变是因为前任代表并不能反映大多数南非人的利益。

5. 随着大量使用西班牙语的人口迁入美国，一些特定地区的使用者提出了西班牙语应和英语平等的迫切要求。同样，其他语种也有同样的诉求。

6. 因为有变音符号，所以发音的难度变大，虽然拼写变了，但是此地名的发音却没有变化。不过对该区域不了解的人可能不会读音。

7. 1987年起，美国和泛美历史地理学会（Pan American Institute of Geography and History）每年都会在美国南部和中部发起为期两周的地名标准化课程（1988年除外）。实地调查工作比较烦琐，需要采访当地居民，参考相应的地图和路标，与当地的官员进行洽谈，进行翔实的记录，与相关机构一起解决地名分歧问题，事后还要就记录进行说明。如果还是没有解决问题，那么还需继续进行实地调查。世界上有的国家也开设了此类课程。

第四部分

消除地名混乱

本部分的六个章节将会介绍美国和国际方面为选取和应用标准地名所做的努力。其中一章聚焦于美国地名委员会，介绍了为何要在1890年建立地名委员会，地名委员会在数次国内和国际重大历史事件中所起的作用，以及地名委员会在全世界范围内推进地名标准化进程所采取的做法。除此之外，这部分还提到了其他国家和联合国在地名方面的一些举措。与此同时，还有一章将注意力放在一些没有人类居住的地区，比如海底、南极和天体。另外，本部分还提及了一些特殊的地名词汇，探讨了不同的语言和书写系统为解决全球地名混乱所起的作用。最后，这部分还专门用一章内容来阐述地名录逐渐成为记录地名重要载体的发展过程。附录部分提供的细节丰富和补充了正文部分的内容。

第八章

❖

认识到地名混乱的问题

美国地名情况

1789年独立后，美国就开始了西部13个州的探索过程，一些州的边界得到了重新划分，并由此产生了一些新的行政区。另外，由于通过购买或者战争获得了西部的一些地区，因此导致出现了很多无人知晓的，而且在之前的地图或各类记录中也未被记载的地方。当时，刘易斯（Lewis）和克拉克（Clark）的远征队就曾因此绘制了很多新的地图。

这些地图和报告中的地名来源庞杂。地图测绘员们会问当地人一些地名的叫法，其他探险队和来往商人（大多都是法国人）也会为一些地理实体命名。测绘员们把自己认为正确的地名和发音记录下来。有时候队员们也会自己命名。但这很容易引发混乱。几个不同的探险队在同一年或多年后相继探访某个地方，这导致同一个地理实体会有完全不同的名称。比如，某个探险队穿越西北地区，可能会发现，春天的时候雪水融化引起水土流失，这时候看一条河可能是红色或者棕色。但是几年后，另一个探险队在夏末去南方考察，看到这条河时会以为是另一条河，但其实这就是西北地区那条河的南方流域，只不过这时候水位低，河水呈黑色。第一支考察队可能会将这条河命名为“红河”。而第二支考察队由于不知道已经有一支队伍根据这条河的特点为它命名了，因此可能会为它命名“黑河”。此外，美国邮政系统常常用人名为一些地方邮局命名，而不是根据地方名或服务的人群命名。这种与地名不一致的命名方法大量存在，不仅不合逻辑，而且在使用过程中造成了很多混乱。

政府官员在整理地名报告的过程中，若发现同一地点有多个地名同时存在，一般也无法解决地名差异的问题。因为不可能再派一支探险队去当地核实到底应该使用哪个名称，然后官方再根据考察结果确立唯一的标准地名。因此结果往往不尽如人意。

错误的地名还会严重影响海运。航海图经常把美国和海外水域的小岛、海湾、河口和港口等标记错误。错误的地名常常会使船只误入歧途，驶入危险的水域。其他国家也有类似问题。[1]

美国地名委员会的成立

19世纪后半期，美国在地名方面遇到的问题越来越多，一些地图绘制员、地理学者、地理专业的学生和政府部门工作人员聚集在一起，想要商讨出一个解决方案。1890年年初，他们联合提交了一份报告，要求建立一个官方机构来解决地名问题。

哈里森总统研究了这份报告后，于1890年9月4日签署了下面的这份行政命令[2]：

> 鉴于建立统一的地名系统和正确拼写地名的迫切现状，尤其是统一不同部门和机构发布的地图和海图，特此成立美国地名委员会，任命已经在地名机构任职过的相关人员继续在地名委员会供职。

文件接着公布了各相关部门，有海岸与大地测量局（Coast and Geodetic Survey）、国务院(Department of State)、财政部(Treasury Department)、陆军部(War Department)、海军部（Navy Department)、邮政部（Post Office Department)、史密森尼学会（Smithsonian Institution）和地质勘探局（Geological Survey)。这些机构组织参与了一系列的地名活动，包括勘探、测量、地图和海图的绘制、航海、灯塔维护、邮政、外交和军事相关职能。文件中还写道:

> 委员会负责处理各机构中与地名相关的一切未决事宜，该委员会关于地名的一切决议也将成为各机构的标准性权威，不容置疑。

1892年，委员会发布了第一份报告，描述了该机构的运作机制和有关政策，并就开展的相关工作做了报告。

地名委员会的职能随着时间变化不断做出调整。到了1906年，委员会的职能转变为筛查地图、海图和其他出版物上的重复地名以及错误地名，并选取出一个正式的官方名称。也是在这一年，委员会获准可以审核由政府工作人员提供的地名。由此，地名在正式发行出版之前都必须先经过审核批准。此外，委员会名称也被改为地理委员会，但几年之后又改回了地名委员会。主要职能也一直没有变过，并且加大了对外国地名的研究力度。1932年，委员会发布了第六份地名报告。此前，委员会的报告都是不定期发布。第六份报告中囊括了地名委员会成立之初到1920年之间的大事记，以及单独出版的若干附录，内容涉及1932年6月之前所做出的决议。

美国提出建立外语地名书写系统

第六份报告中有一份补充材料，叫作“美国关于官方使用的外国地名的拼写规则”。尽管在这之前，委员会已经有多年处理外国地名的经验，但这却是第一次明确规定外国地名的使用规则。对于使用罗马字母的地区，除非已经有了英语惯用地名，建议采用当地的地名拼写形式。而针对那些不使用罗马字母的语言体系，材料中则提倡使用英国皇家地理学会（British Royal Geographical Society）的地名系统。(和出现较晚的美国外语地名相关政策相比，英国皇家地理学会系统覆盖了27个语言区域，而第六份报告中所提及的有关规则虽实用但也有一定限制性。)[3]

由于多方面的原因，1932至1943年间，地名委员会的传统工作内容逐渐减少。虽然仍然在研究地名，但投入的人力却逐渐削减。研究人员只有两到三名，偶尔才会提交一次报告。

重建地名委员会的军事必要性

1941年，美国开赴二战战场，迫切需要掌握日本、中国和其他远东国家的地理明细图。随着对这些国家的军事地图绘制工作的展开，地名的缺失显得越发明显。官方转向地名委员会寻求帮助，但意识到仅凭委员会的几名研究员完全不足以完成这样大的工程，于是决定扩大地名委员会的规模。1943年，曾经任职于内政部(Department of the Interior）国土管理办公室（Office of Land Management）的地理学家、前大学教授梅勒迪斯 · F. 伯里尔博士（Dr. Meredith F. Burrill）被任命为内政部新成立的部门地理部的主管。他还被同时任命为重组后的美国地名委员会的行政秘书。委员会发展迅速，很快就有了包括地理学家、语言学家、制图员、管理员和其他人员在内的176名工作人员。然而工作内容并没有改变，还是为国家机构提供地名支持，以及和陆军及海军部门密切合作。为了满足飞速扩张的军事需求，这些部门会制作大量的地图和海图，而委员会则要确保图上地名的真实性与有效性。与此同时，国内地名的发展则一直停留在一个相对低的水平上。

地名委员会其中一个部门的主要职责是通过已有的转换规则将中日两国地图上的地名由源语言转换为罗马字母拼写。二战期间，这一转换也用于其他地区的地名。到了战争末期，远东绝大部分地区的地名都经过了这一转换，超过700万地名被转换为罗马字母形式。[4]

重组地名委员会

随着二战进入尾声，国会开始削减与军事有关的项目。许多国会议员认为不再需要设立地名委员会，但也有一些人认为，和平局面还不够稳定，对地图和地名的军事需求还会继续存在。为了解决这一争议，国会多次举行听证会进行讨论。1947年，国会最后一次举行关于地名委员会去留的听证会，最终赞同的一方以一票的优势胜出，委员会得以继续保留下去。

在此期间，委员会对机构设置和运营机制进行了大刀阔斧的改革，以更好地满足军事和社会机构对地图制品的需求。改革后的委员会和委员会执行秘书依然隶属内政部，并向内政部秘书汇报工作。新的委员会有来自各个机构的成员代表，包括农业部、内政部、国务院、陆军部门、空军部门、海军部门、邮政部（the Post Office）和国会图书馆（the Library of Congress）。这些机构的代表聚在一起，旨在为委员会制订明确的准则、政策和工作章程。在之后的几年里，商务部（Department of Commerce）、国防部（Department of Defense）、中央情报局（Central Intelligence Agency）和政府印刷局（Government Printing Office）也陆续加入了委员会。陆、空、海军的地名需求全部由国防部统一提出。委员会的成员机构决定制订工作的行动纲领，包括成立国内地名分会（Domestic Names Committee）（负责确定美国本土和海外领地的官方地名）和外国地名分会（Foreign Names Committee）（负责确定其他国家地名的美国官方用名）。细则中详述了其他条款，比如部门主席的选举办法，长期或短期委员会的创立制度，委员会和其下设各部门成立前可能会出现的各类问题，以及分发关于后续工作的文件。

作为一个跨机构的部门，地名委员会的内部结构设置也有所不同。委员会没有独立的经费预算，因此其他机构的人员在委员会的服务是无偿的。委员会主席由内政部任命，任期两年。1947年委员会重组后，设立了外国地名执行秘书，此后，这个职位便一直由委员会的执行秘书兼任。

随着时间的推移，委员会不断做出调整。但地名标准化的进度总是赶不上成熟完善的地图和海图制品生产计划对地名的实际需求。内政部有一个机构叫作美国地质勘探局，勘探局有一个下设部门——国家绘图部（National Mapping Division），绘图部需要国内地名分会提供地名来完成美国地图的绘制，但面对制图计划，国内地名分会并不能及时满足这一需求。1958年，为了保证地名规范化的进度能赶得上地图制品的出版需求，内政部秘书将委员会下属的国内地名分会的工作人员从地理部调到了国家绘图部。国内地名分会的行政秘书是内政部的高级工作人员，致力于使国内地名分会相对独立于地名委员会开展工作。这一状况也体现了委员会并不受严格的运作条例的限制。

1958年的改革也造成了一种尴尬的局面：虽然外国地名分会的工作内容比国内地名分会的工作内容更为广泛，但外国地名分会的工作人员却仍旧隶属内政部——

一个在绘制外国的地图方面职能甚微的机构。为了解决这一问题，1969年，外国地名分会的工作人员全部调入国防部的下设机构——陆军制图局（Army Map Service）。陆军制图局原本也有自己的地名工作人员，他们的职责是为了满足军事用途，制作包含地名的地图产品。虽然陆军制图局与地名委员会的协调很有必要，但相互间的沟通却并不顺畅。与此同时，委员会行政秘书的工作地点搬到五角大楼的国防情报局（Defense Intelligence Agency），负责协调美国所有军事制图项目，包括陆军制图局的相关工作。空军和海军也有专门的部门为他们提供地名。

1972年，美国为了集中管理军事制图项目，成立了国防制图局（Defense Mapping Agency），行政秘书办公室也搬到了制图局总部。陆军制图局（Army Map Service）改名为国防制图局水文地形中心（Defense Mapping Agency Hydrographic-Topographic Center），其地名工作人员的规模有所扩大，以前只负责绘制海图的前美国海军航道测量局（U.S. Navy Hydrographic Office）的员工也加入地名工作人员的队伍中。另外，外国地名分会的工作人员也加入进来，地名队伍得到进一步充实。位于圣路易斯（St. Louis）的国防制图局航空中心（Defense Mapping Agency Aerospace Center）只保留了一名地名工作人员，但却增加了水文地形中心小组的人数，以满足空军对于地名信息的需求。

1996年，中央情报局（Central Intelligence Agency）的部分机构、国防情报局、国家航空航天署（National Aeronautical and Space Agency）、国家安全局（National Security Agency）和其他一些地图及卫星图制作相关机构一同并入国防制图局（Defense Mapping Agency），成立了一个新的机构美国国家影像制图局（National Imagery and Mapping Agency）。为地名委员会提供外国地名支持的工作人员在新的机构中依然被保留下来。

1993年，委员会行政秘书的职位改由内政部地质勘探局（Geological Survey）的一名工作人员担任。该人员过去曾是国内地名分会的行政秘书，他将继续担任这一职务。外国地名分会的行政秘书和为外国地名提供支持的工作人员也都被归入国防制图局。[5]

附录B中列出了委员会的机构设置、人员构成、管理人员、职能和分会组织。还提供了委员会针对地名提案所做的工作案例。

其他国家和国际地名组织

美国地名委员会和不同国家的地名机构开展合作，尤其是和加拿大、英国两国的地名机构进行合作。1987年，为了处理新开辟的土地和新成立的各省内大量令人费解的地名，加拿大成立了加拿大常设地名委员会（Canadian Permanent Committee on Geographical Names, CPCGN），2000年，改名为加拿大地名委员会（Geographical

Names Board of Canada, GNBC)。为了规范地名的日常使用，委员会建立了一整套的命名机制，但后来意识到，为了满足当地的需求，各省区人民也应保留审批地名的权利。不管怎样，这套机制有据可依，富有成效，地名委员会还为此出版了各类地图制品，使各地的人们对委员会的行为印象深刻。

几年后，加拿大一直以来所持有的一种观点遭遇到很大的挑战（其他国家也一样），即人们认为当地人所使用的地名应该得到社会认可并对外公布。正如第七章所提到的，由于拼写的特殊性，一些本地人使用的地名拼写形式在其他人看来可能难以使用，因此很难得到普及。即便是作为官方语言之一的法语，也有一些复杂的民族区域性使用习惯。法语地名主要集中在魁北克（Quebec）省，其他地方大多有英语和法语两种官方地名拼写形式。

加拿大也有一个处理海底地理实体名称的委员会，除此之外，还有其他一系列地名组织，负责处理地名相关事宜。

加拿大地名机构并没有特别涉及国外区域的地名，但是当需要一些外国地名信息时，加拿大相关机构就会和美国进行协商交流。加拿大和美国合作解决了很多地名问题。在和其他国家的专家一起完成联合国地名项目的过程中，美国和加拿大组成了联合国地名专家组（U.N. Group of Experts on Geographical Names）美国–加拿大分部（United States/Canada Division），并对地名工作提出建设性意见。多年来，加拿大的地名工作人员在联合国工作中表现出了高超的专业水准，分析解决了许多颇具挑战的难题，这些难题不止局限于加拿大本国的范围，也和联合国的关注点密切相关。除此之外，美国和加拿大还成立了一个联合委员会，致力于消除流经两国的河流和其他横跨两国的地理实体的地名混乱。

1907年，英国成立了英国地名常设委员会（Permanent Committee on Geographical Names for British Official Use, PCGN）。此后，英国的地名专家创造了很多惊人的记录，编辑出版了多本涵盖多个国家的地名录。最初出版的地名录只包含了英联邦的成员国家，但很快就把其他国家也加了进去。这些出版物使得美国地名委员会1947年出版的地名录有了参考标准。英国地名常设委员会的组成机构和工作人员在标准化的许多方面都起了重要作用，其他国家的地名学家多年来从中获益良多。[6]尽管英国地名常设委员会一直以来都致力于积极开展外国地名研究，尤其是在诸如鼓励世界各国建立地名机构等联合国地名事务方面表现活跃，但其在英国国内地名方面却没有什么权威。国内地名和地图绘制（包括外国地图）一直是由英国地形测量局（U.K. Ordnance Survey）负责。英国之所以没有一个专门的机构负责处理国内地名相关事宜，是因为英国的地名使用已经趋于稳定，多年未变，任何与新地名有关的事务都由地形测量局负责处理。英国地名常设委员会的工作人员之前也曾经在其他机构任职，包括外国事务部、国际地图绘制部和一些私人出版社。委员会的专家们统一在位于伦敦的皇家地理学会（Royal Geographical Society）大楼里办公，根据年度例会确立的方向安排日常工作。委员会每两年都会和美国地名委员会就两国共同关注的地名问题召开会议。会议达成的双边地名协议，作为双方在各类国际组织中发表意见的主基调。第十二章中“讲英语的人如何读写阿拉伯语或俄语地名？”和第十三章“地名录”的内容无不表明英美两国在地名方面的合作远超其他国家。

如今，越来越多的国家成立了自己的地名机构，并且这个数字还在不断增加。其中的大部分都理所当然地更关注本国地名。而且，大量国际组织如雨后春笋般涌现，这从很大程度上反映了联合国的政策导向，但各国的地名标准化流程仍相差甚远。有些国家的中央机构权威不足，很难团结政府各部门一起开展协作。还有大多数国家虽然有交通运输、数据统计等职能机构，但这些机构无法就地名问题展开协商。

奇妙的是，一些国家在联合国和其他国际地名组织中表现得十分活跃，却没有职责明确的地名权威机构。法国、意大利和荷兰就属于这种情况。尽管这些国家自身也面临各种地名问题，但都对地名规范的制订发挥了积极作用。还有一些国家的地图绘制项目可能发展良好，却没有标准的地名命名规范。拉丁美洲的部分国家，还有日本，都没有自己的地名机构。苏联曾经的一些成员国，如今正积极地建立自己的地名标准化规范。然而，在朝鲜和韩国之间，冷战的负面效应依然影响深远，至今两国没有达成统一的地名罗马化拼写规范。同时令人遗憾的是，虽然许多国家有地名的权威机构，但他们的地名工作发展有限，成效微乎其微。

在地名委员会、美国国家影像制图局和泛美历史地理学会（Pan American Institute of Geography and History）的共同努力下，1987年，美国地名委员会启动了一个地名项目，教授拉美国家如何实现地名标准化。每门课程的授课时间为两周，内容包括地名规则、地名政策、地名标准化的过程（主要以地名委员会之前的标准化案例为依据）、收集和核查当地地名以及一些相关工作（包括检验田野调查成果、扩充和整理地名档案，以及出版地名工作成果等）。课程中还有一个很重要的组成部分，就是对地名的数字化处理。2000年，委员会在巴拉圭（Paraguay）举办了第十二次地名课程培训。这个培训项目提高了参与国的地名专业水平。比如，委内瑞拉（Venezuela）就从中获益良多，还于1992年创立了自己的地名方面的国家机构。

注释

1. 几百年来，地名学者和绘图师早已深刻认识到不一致的地名会造成地名混乱，但直到113年前，这一情况才在世界范围内有所改善。1887年在柏林召开的国际地理大会重点讨论了地名混乱的形成原因——不同的拼写方式会形成不同的地名和地名表现形式，从而引发全球地名混乱。各国的代表们提议，至少要认清问题所在，建立转写系统，将不同语言系统中的地名用同一种语言拼写出来。但当时有一个难题（如今仍是），关于地名最迫在眉睫的需求是，各国建立自己的地名机构，解决本国的地名问题。

2. 引用自《美国地名委员会第一份报告，1890—1891年间》(*First Report of the United States Board on Geographic Names*)，华盛顿特区：美国政府印刷局，1892。

3. 地名委员会第六份报告的前言中列出了所有的地名出版物、地名委员会早期的地名项目和所有经过授权修正的地名。报告主要包括三部分内容。第一部分包括地名的特性、处理地名过程中所遇到的问题、美国处理地名问题累计的经验和针对外国地名的地名政策。第二部分涵盖了委员会的运作机制、政策、程序，以及对委员会历史的简短介绍。第三部分是地名音译表，包括发音表、地名缩写、1890年后新定名的将近29,000个地名，全部按字母顺序排序。1932年出版的分卷中还包括一些外国地名。

4. 这个数字并不是指独立或完整的地理实体，而是指地图和海图上的地名，这些地名都经过求证和考察，确认位置无误。如果把这样的地理实体全部算进去，数字会很庞大。

5. 1973年，笔者接受了美国国家影像制图局的任命，成为伯里尔博士 (Dr. Burrill) 的继任者，之后便一直在这里任职，直到1993年退休。也就是在这一年，罗杰·佩恩 (Roger Payne) 成为委员会的执行秘书，他还同时担任国内地名分会的执行秘书。外国地名分会的执行秘书则由美国国家影像制图局的兰德尔·弗林 (Randall Flynn) 担任。地名委员会的其他下设机构也有同样的职位设置。直到1993年，委员会执行秘书和外国地名分会执行秘书的工作有了越来越多的重叠。多年来，罗杰和兰德尔都顶着“执行秘书”的头衔在三个职位上工作，这引发了一定程度的混乱，尤其是对一些外国地名机构而言，在某些合作中，他们需要知道，谁才是明确的负责人。

6. 马塞尔·奥鲁索 (Marcel Aurousseau) 是一位高产的地名作家，曾多年担任英国地名常设委员会 (PCGN) 的秘书，其作品的专业性和精确度对英国地名常设委员会的实际工作是一个很大的帮助。他的作品《地名的国际应用》(“Geographical Names for International Use”) 只有短短的几页，却被收录进1958年的《第五次全球专有名词科学大会会议纪要》(*Proceedings and Transactions of the Fifth International Congress of Onomastic Sciences*)。纪要的目录中提到了28个参考文件。美国地质勘探局下设部门美国地名委员会国内地名分会保留了一份复印件。马塞尔的另一篇著述《地理名称翻译》(*Rendering of Geographical Names*)，由哈钦森大学图书馆出版社出版，1957，英国伦敦，大波特兰街178-202号。

第九章

联合国致力于消除地名混乱

联合国关注地名问题

1955年，在一些在地名和地图绘制领域拥有丰富经验的国家代表的劝说下，联合国开始对错误和不一致的地名展开研究，并着手制订了适宜的修正政策。随后，在联合国经济及社会理事会（U.N. Economic and Social Council, ECOSOC）的主持下，专家组进行了几次会面。[1]根据他们的建议，联合国于1967年在瑞士日内瓦（Geneva, Switzerland）召开了地名标准化国际会议（Conference on the Standardization of Geographical Names）。

来自55个国家的代表参加了此次会议，与会人员还包括来自国际海道测量组织（International Hydrographic Organization）和国际制图协会（International Cartographic Association）的代表，地名的准确性也与他们的日常工作息息相关。代表们将几项内容纳入议题，如现有国家标准化程序的效力、改进地名工作所需的条款、将地名从一个书写系统转写（transfer）至另一系统的国家和国际程序应遵循的要求、关于在具体领域继续推动国际协作的建议。[2]会议设立了专门的委员会来处理分项议程，并根据与会者在相关领域的经验和技能确立了委员会的工作人员。

本次会议就一系列议题通过了20项决议，其中部分议题涉及罗马化系统[3]的开发和应用的具体步骤。或许，最重要的一项决议（有些人将其称为联合国在地名领域做出的唯一重要决议）是第4号决议——国家标准化（National Standardization）。该决议条款所述准则若能得到充分遵循，则任何国家都能够通过制订并实施一套方案，全面实现地名标准化。[4]其结果也符合联合国的基本原则：国家标准化是国际标准化的基础。

另一项决议提议联合国在1972年于伦敦召开第二届地名标准化会议，其议程与第一届会议大致相同。两次会议期间，各国加大了地名标准化的力度。来自57个国家的代表出席了在伦敦举行的会议，其中大部分代表也参加了首届地名标准化会议。此外，几个国际组织也派来参会代表。后来，联合国分别于1977年、1982年、1987年、1992年和1998年召开地名标准化会议。正如第十四章“冷战”所述，当时的政治立场对联合国的审议产生了影响。

第七届会议原定于1997年召开，但由于其他政治问题推迟了一年。当年，伊朗本是此次会议的举办国，但由于其未将以色列纳入正式邀请名单，联合国遂取消了此次会议。此类行为（如将联合国成员国从标准事项中排除）与联合国政策相悖。与此同时，美国也表示其不会参加此次会议。会议时间推迟至1998年1月在联合国纽约总部举行，聚集了来自64个国家（包括以色列）的187名参加者和观察员，以及13个涉及地名或相关工作内容的组织机构。

联合国地名标准化会议迄今已共计通过159项决议和数百份技术报告，这些文件帮助地名领域的工作人员发现并解决了诸多问题。然而，联合国的方案也会在某些方面出现问题。

联合国地名专家组

1967年，首届联合国地名标准化会议的行动之一就是设立联合国常设地名委员会（U.N. Permanent Committee on Geographical Names），后改称联合国地名专家组(U.N. Group of Experts on Geographical Names, UNGEGN)。专家组旨在落实联合国地名相关方案，其并非由国家代表组成，而是由代表不同分部的专家构成，这些分部包括个别国家和拥有共同语言或隶属规定区域的国家集团。有的时候，某些国家可以隶属多个分部。联合国地名专家组工作组的建立旨在承接具体任务，并向联合国地名专家组和地名标准化会议进行汇报。近年来，工作组主要侧重罗马化系统、(关于地名领域的）术语、地名数据档案和培训方面的工作。其汇报内容包括行动建议，这些建议由联合国会议上成立的委员会进一步审核，通过后将成为正式的联合国决议。此外，联合国还呼吁各个分部，鼓励其成员国尽可能全面贯彻联合国的建议。

最初，联合国地名专家组包括14个分部，由于语言环境和政治条件的动态变化，专家组的分部结构也发生了改变。1987年，第五届联合国地名标准化会议成立了两个新的分部。西南亚分部（不含阿拉伯语）一分为二：一个依然沿用先前的名称，另一个为东地中海分部（不含阿拉伯语）。起初，东地中海分部仅由以色列一个国家组成，几年后，塞浦路斯被纳入该分部。[5]此外，1987年会议还设立了全新的凯尔特分部，以代表爱尔兰和部分其他地区（包括威尔士和法国部分地区）所共有的文化遗产。凯尔特分部内的成员构成主要基于这些地区共有的语言背景，其曾对今天的地名产生影响。

1998年的联合国地名标准化会议成立了新的团体——法语国家分部。相关决议称，从地名和文化角度而言，说法语的国家面临一系列共性问题，将其列为联合国地名专家组下的分部有利于其开展地名工作。除了法国和加拿大，法语国家分部的成员还可包括非洲的任何其他国家、加勒比海地区和东南亚地区。在这些地区，多数人口或少数群体以法语为母语。有些联合国代表或许会认为，这一部门太过复杂、范围宽泛，但从语言的角度看，这也反映出设立者对法语的优待。然而，这种保留意见基本上是无效的，因为联合国地名专家组允许各国加入任何分部（或多个分部）。荷语-德语分部就是一个恰当的例子，其包括奥地利、比利时、德国、荷兰、南非、苏里南和瑞士，因为这些国家具有共同的语言背景。同样地，新成立的法语国家分部的成员也呈现出分布广泛的特点。

1999年，联合国地名专家组各个分部及其相关国家构成如下：

中部非洲分部（安哥拉、布隆迪、喀麦隆、中非共和国、乍得、刚果共和国、刚果民主共和国、赤道几内亚、加蓬、卢旺达、圣多美、普林西比）；

东部非洲分部（博茨瓦纳、埃塞俄比亚、肯尼亚、莱索托、马达加斯加、马拉维、毛里求斯、莫桑比克、塞舌尔、斯威士兰、乌干达、坦桑尼亚联合共和国、赞比亚、津巴布韦）；

南部非洲分部（博茨瓦纳、莱索托、马拉维、莫桑比克、纳米比亚、南非、斯威士兰、赞比亚、津巴布韦）；

西部非洲分部（贝宁、布基纳法索、佛得角、科特迪瓦、冈比亚、加纳、几内亚、几内亚比绍、利比里亚、毛里塔尼亚、尼日尔、尼日利亚、塞内加尔、塞拉利昂、多哥）；

阿拉伯语分部（阿尔及利亚、埃及、伊拉克、约旦、科威特、黎巴嫩、阿拉伯利比亚民众国、摩洛哥、阿曼、沙特阿拉伯、苏丹、阿拉伯叙利亚共和国、阿拉伯联合酋长国、也门）；

东亚分部（中国除外）（朝鲜民主主义人民共和国、日本、大韩民国）；

东南亚和西南太平洋分部（美属萨摩亚、澳大利亚、文莱达鲁萨兰国、柬埔寨、北马里亚纳群岛联邦、印度尼西亚、老挝人民民主共和国、马来西亚、缅甸、新西兰、瑙鲁、巴布亚新几内亚、菲律宾、新加坡、泰国、越南）；

西南亚分部（不含阿拉伯语）（阿富汗、阿塞拜疆、塞浦路斯、伊朗伊斯兰共和国、巴基斯坦、土库曼斯坦、土耳其、南斯拉夫）；

波罗的海分部（爱沙尼亚、拉脱维亚、立陶宛）；

凯尔特分部（法国、爱尔兰）；

中国分部（中国）；

荷语和德语分部（奥地利、比利时、德国、荷兰、南非、苏里南、瑞士）；

中东欧和东南欧分部（阿尔巴尼亚、保加利亚、克罗地亚、塞浦路斯、捷克共和国、希腊、匈牙利、波兰、斯洛伐克、斯洛文尼亚、前南斯拉夫马其顿共和国、土耳其、乌克兰、南斯拉夫）；

东欧、北亚和中亚分部（亚美尼亚、阿塞拜疆、白俄罗斯、保加利亚、吉尔吉斯斯坦、俄罗斯联邦、乌克兰、乌兹别克斯坦）；

东地中海分部（不含阿拉伯语）（塞浦路斯、以色列）；

法语国家分部（比利时、贝宁、喀麦隆、加拿大、科特迪瓦、法国、老挝人民民主共和国、卢森堡、马里、摩纳哥、罗马尼亚、瑞士）；

印度分部（孟加拉国、印度、巴基斯坦）；

拉丁美洲分部（阿根廷、玻利维亚、巴西、智利、哥伦比亚、哥斯达黎加、古巴、多米尼加共和国、厄瓜多尔、萨尔瓦多、危地马拉、海地、洪都拉斯、墨西哥、尼加拉瓜、巴拿马、巴拉圭、委内瑞拉）；

北欧分部（丹麦、芬兰、冰岛、挪威、瑞典）；

罗曼-希腊语分部（比利时、加拿大、塞浦路斯、法国、希腊、罗马教廷、意大利、卢森堡、摩尔多瓦、摩纳哥、葡萄牙、罗马尼亚、西班牙、瑞士、土耳其）；

联合王国分部（圭亚那、南非、大不列颠及北爱尔兰联合王国、新西兰）；

美利坚合众国-加拿大分部（加拿大、美国）。

世界上的每一个国家都隶属一个或多个分部，但并非分部的所有成员国都能参加每届联合国地名专家组的会议。这类会议紧挨着联合国地名标准化会议开幕前或闭幕后召开，每两届地名标准化会议之间召开两次专家组会议。这种并非全员参加的情况有碍专家组完成其使命，即与所有分部成员国开展合作并为分部成员国发声。此外，不少成员国在地名领域并不具备真正意义上的专家。联合国纽约总部的工作人员支持联合国地名专家组的工作，以时事通讯和宣传阐述国家和国际地名标准化的益处。然而，工作人员承受的总体负担十分艰巨，且当前联合国的预算审核可能会削弱此类支持。若联合国或其他国际地名方案要得到真正的贯彻落实，需要直接参与地名工作的各国和组织机构提供更大协助。

联合国地名机构的工作程序

虽然联合国及参与地名工作的国家在发展地名标准化国际体系方面值得称道，但我们必须承认，缺陷依旧存在。一个重大问题就是，联合国有关“每个被命名的地理实体仅拥有一个标准名称”的规则是否依然有效。这条原则的价值在于，若每个地方具有单一的官方名称，人们关于地理实体性质和位置的不确定性便可消除。该原则宣布于瑞士日内瓦召开的第一届联合国地名标准化会议。然而，单个地理实体拥有不同名称的情况似乎与该目标相矛盾。日内瓦自身就是一个明证。Geneva是常规的英文名称，但在瑞士，人们还将其称为Genf（德语）、Genève（法语）、Ginevra（意大利语）和Genevra（罗曼什语）。尽管不同拼写在四种语言所支配的地区分别占据主要地位，但有时人们还是会采用两种或更多拼法。又由于这种多语言情况在多个国家存在，所以我们可以站在客观的立场上，呼吁联合国对每个被命名的地理实体仅拥有一个名称的观点进行实质性修改。

参加联合国地名标准化会议的国家和分部代表会提交有关议程主题的文件。多年以来，提交的文件数或许已达几百份。其中不少文件都对议程具有重要作用，且符合参会国的利益。然而，一些文件通常过于详细，其所述问题与议程并无直接关系，或仅仅阐述国家计划，从而无法提供有益于他国的足够信息。尽管如此，这些文件经过联合国工作人员的处理后，于会议召开期间在参会者之间流通，并在其后成为官方文件。虽然各国有权向联合国会议提交此类报告，但联合国政策的合理做法是找出那些实用性强、简洁明了且对更广泛受众有价值的文件，即各国希望寻求一种方法，来指导他们如何进行地名命名和地名管理。

联合国的决议是联合国的方案得以实施的主要工具，它能够在各个层面充分地将人们为地名标准化所做的努力转化为看得见的成果。然而，有些决议不切实际或因时过境迁而无法继续发挥作用。据保守估计，当今，或许有三分之一的决议不再具有重要性。这些决议反映出联合国系统中的一个弱点：决议的提出过程略显草率，定期判定决议有效性的流程看似也不完备。十年前，一项对成员国发起的关于决议的价值的提问，虽然获得了广泛的回应，但最终没有得到确定的结论。当联合国发现以这种方式对决议进行分析存在困难后，又在1992年召开的第六届地名标准化会议上，要求各国行动起来，以确保“按照相关性对会议决议进行分类”，但迄今仍未获得任何回应。不管怎样，加拿大已经提交了一份决议汇编，其中的决议就是按照不同主题进行分类的。[6]这份文件具有较高价值，同时此事也表明联合国亟须制订一项关于协议提交与核准的政策。

另一个引起关切的问题是，仅有少数领域的专家能够参加联合国的会议。如前所述，一些积极参与联合国方案的国家没有地名机构，或即使有相关组织和明确的地名工作职责，也无法达到联合国规定的基本标准。因此，我们无法确定来自这些国家的代表的资质，尽管其中一些人非常积极，也参与了联合国议程的多数阶段的讨论。此外，由于并非所有国家都能负担得起参加会议的费用，一些参会者仅仅是会议举办地国家外交使团的成员，且几乎不具备地名领域的专业知识。更糟的是，国家代表常常仅参加一次会议，且其后并未发挥出积极作用。各国在各项问题上的投票（比如用来核准一项被推荐的决议）或许来自那些在该话题上几乎不具备经验或知识的参会者。最终结果就是，多数连贯性行动仅由那些能够定期出行、来自不足25个国家的代表进行落实。

有趣的是，虽然荷兰、英国和其他几个国家都对联合国方案的制订和实施做出了实质性的贡献，也都拥有宏大的国家级地图绘制计划，同时他们积极在与其他国家开展双边合作，但他们却没有设立专门机构，以联合国认可的流程对自己国家内的地名进行标准化。这些国家似乎有违联合国的倡议。与此同时，让这些国家推动他国建立国家地名标准化机构似乎也显得不够理直气壮。

联合国曾经能够顺畅地制订诸多有益的地名方案，但冷战却在某些方面对不同国家之间的商议产生了影响。第十四章“冷战”阐述了一些案例，揭示了不同的国家立场是如何阻碍充分合作的。苏联解体后，各国能够自由会面并在互利的基础上针对方案开展合作。但是，乌克兰、白俄罗斯、土库曼斯坦和哈萨克斯坦等新近独立的国家因忙于经济复苏，仅能对地名方案的实施投入有限的资源。和十年前的情形相比，当前全球合作的氛围值得赞赏。然而，由于世界政治、文化处于动态变化之中，我们无法保证未来各国能够实现彻底的沟通自由。

另一个需要我们更多关注的领域是在国家层面加强绘图和地名机构之间的联系。几乎所有拥有此类关系的国家都体会到了它所带来的益处，且实际上，联合国决议也建议在二者之间开展此类合作。当然，共同努力的前提是存在出色的绘图和地名机构。尽管这些组织存在，但取得的成功却很有限。或许是因为国家缺乏协调组织之间相互合作的政令，或许是因为无法让合作达到规定的紧密程度。另一个在地图绘制过程中，将地名提升为必要信息的方法，就是鼓励召开国际绘图会议——无论以官方或专业形式召开——以便在各国有力推进地名办公室的设立，并与相应的联合国机构开展密切合作。

2000年1月，联合国地名专家组南非籍主席在向第二十届地名专家组会议提交的书面报告中指出，虽然联合国方案为诸多国家带来益处，但不少发展中国家并未在此列。他表示，仅有一小部分非洲和撒哈拉以南国家按照方案初步开展了工作，且赤道以南的国家鲜有地名机构。尽管并未阐述到底该如何改进，但他明确指出了问题所在。他在总结中称，这一形势将成为联合国在21世纪所面临的一项重大挑战。[7]

联合国地名工作未来的努力方向

尽管联合国推动地名标准化的任务极具价值，且这些任务在地方、国家和国际各个层面都带来了益处，但联合国制订的方案仍需要向重大问题倾斜并付诸行动。令人担忧的是，有些活动不够实际，且仅能反映出个人观点而非国家观点。如前所述，国家绘图和地名机构需要联手合作。此外，许多国家少数群体意识的加强使人们愈发认识到，应确立少数群体语言的官方地位，并认可相关地名。此类措施将对联合国已有的地名方案的实施所需的资源产生更大影响。由于世界需要准确的地名，联合国的某些工作方向可能需要修正。无论如何，普通公民的需求都应是联合国考虑的主要因素；另外，沟通也应在地方、区域和国际层面上展开。以上两点十分必要。

地名标准化工作进展缓慢已成为广泛共识，1992年的地名标准化会议采纳了改善联合国工作的建议。一份文件提到了需要出台措施以提高工作效率，包括鼓励联合国地名专家组各个分部开展合作的建议，以便参与实施有效方案的成员国能够在分部中为其他国家提供支持，从而帮助其他国家建立自己的地名组织。此外，大会通过的一项决议还对联合国地名专家组的目标和职责声明进行了修订，以便其更加高效地运行。另一项决议要求建立宣传委员会，以通过发布文件确定国际和国家标准化的需求，并阐述联合国在此领域所做的努力。最终，一份传单在第二十届联合国地名专家组会议上发放，参会者一致同意将其下发至参与绘图、地理和地名工作的国家和国际机构。将联合国的地名方案告知此类组织有助于它们了解地名标准化和开展相应合作的益处。

定期参与联合国地名方案的个人提出，应对这些方案进行审核与改进。2000年1月，代表们在第二十届联合国地名专家组会议上重申了这一观点。或许更合理的做法是，联合国指定一个单独的团队，专门研究问题并提出建议。该团队可由两类群体构成。一类是长期积极参与地名应用实践工作的人，比如绘图设计人员与制图者，他们能够对联合国地名方案的背景及目的进行评估。另一类是那些不直接参与当前联合国地名方案、但代表普通公民和用户群体的人，他们或许能够更加客观地看待议程中反映的问题。二者共同提出的建议将极具价值。

注释

1. 联合国经济及社会理事会以多种方式为联合国的地名方案提供支持。专家会面在联合国的主持下进行，其或在联合国机构内、或在主办国召开。会前，经济及社会理事会向所有国家下发公告、进行相关沟通。会议期间，经济及社会理事会以联合国六种官方语言（阿拉伯语、汉语、英语、法语、俄语和西班牙语）为所有进程提供翻译服务，并下发开会前和会议期间提交的所有文件，总费用十分高昂。

2.《联合国地名标准化会议》(*United Nations Conference on the Standardization of*

Geographical Names)，1967年9月，第一卷，“会议报告”。

3. 第十二章“讲英语的人如何读写阿拉伯语或俄语地名？”阐述了罗马化。

4. 第一章阐述了有关地名“标准化”的定义。

5. 新成立于1987年的东地中海分部（阿拉伯除外）是对1984年联合国地名专家组会议相关内容的落实，当时一名来自伊朗的代表要求将以色列从西南亚分部（阿拉伯除外）中剔除。1987年举行的地名标准化会议着手解决了这一问题，新的分部成立后，仅有以色列一个成员。后来，塞浦路斯加入该分部。

6. 第七届联合国地名标准化会议，纽约，1998年1月13—21日，《为落实联合国地名标准化决议而采取和建议的措施》(*Measures Taken and Proposed to Implement United Nations Resolutions on the Standardization of Geographical Names*)，E/CONF.9/CRP.1，1997年11月26日。

7. 彼得·E. 雷珀（Peter E. Raper），《主席的报告》(*Report of the Chairman*)，7号资料性文件，第二十届联合国地名专家组会议，纽约，2000年1月17—28日。

第十章

无人区添加地名的必要性

这个世界要求我们对众多地点进行命名，哪怕是无人居住的地方。从可追溯的最早期开始，未探索或无人居住之地的地图通常会标有那些被认为存在的地点的名称。进一步讲，探险家明白，很重要的一件事就是为河流、山脉、海洋和其他地理实体命名，并记录下来或标注在地图上，以使其探索之行或有关自然及地理实体的理论看起来有据可循。很多古地图对海底和行星进行了命名。如今，在南极大陆、月球和其他行星上，科学研究发现了越来越多的地理实体。由于多种原因，需要对这些地理实体进行命名。

海底地理实体

早期海图通常只绘有岛屿和大陆轮廓。有时，若船员认为某些已知或想象中的海底地理实体威胁航海安全，应该绕过，则海图上也会做相应标注。比如，在美国东北部附近海域，一个较浅的浅滩对早期航海构成了威胁，该实体被命名为乔治浅滩（Georges Bank），其至今仍然是一个威胁。确定潜在危险的需求与可揭示多种地理实体的洋底科学勘测的双重要求相吻合。首先，人们发现地理实体后自然想对其进行命名。其次，随着信息记录的整理，地图的绘制，以及对额外研究的追求，命名这些地理实体是唯一确保向科学界传递地理实体自然属性和地点的现实方式。

虽然美国在海底地理实体命名上经验丰富，但直到1963年地名委员会才创建了一个专门的委员会开展相应工作。因此产生的海底地名咨询委员会（Advisory Committee on Undersea Features，ACUF）汇聚了在海洋学、水文学和制图学方面经验丰富的人员，他们制订了一项计划。各成员虽在地名委员会工作，但从法律上讲，他们属于负责用于科学目的的海图绘制以及海底地理实体绘制和分析的不同美国机构。根据章程，他们由内务秘书任命，不限任期，其中任意时间点可有六名委员。在各自所属机构和委员会的支持下，他们取得了重大成就。他们设计出了海底地理实体地名术语以及命名程序。委员会共出版了四版地名词典（最后一版为1990年版），每个版本都包含委员会运行程序声明，以及术语表、地名表及相关位置数据。此版含10,000个地名。附录C列出了地名录1990年版内的一些条目。命名提议人填好地名词典中的表格，并提交至委员会供考察。这些出版物对公众公开。目前，正在将其转换成电子版，但同时，工作也正在向提供便于用户操作的印刷版的方向倾斜。

委员会在被选举出的主席或副主席的领导下按规定举行会议。委员会员工由美国国家影像制图局配置。委员会就相关命名方案进行报告，并将建议的命名提交至地名委员会供其讨论并通过，若必要时进一步审议。

美国海底地名咨询委员会与其他一些拥有海底地理实体命名方案的国家开展合作，确保识别地理实体时最大的命名有效性。另外，委员会与总部位于摩纳哥的国际海道测量组织（International Hydrographic Organization，IHO）进行合作，后者自1921年开始与多国合作制作世界水体海图，即海洋水深图（General Bathymetric Chart of the Oceans）。国际海道测量组织的基本目标是，确保所有海洋国家可获得具有公共标准的海图，保障航行安全最大化。1947年，国际海道测量组织成员国通过了使用海底地理实体命名标准拼写的计划。

尽管有共同的目标，但海底地名咨询委员会和国际海道测量组织的使命却不同。委员会主要是为各比例尺的地图提供海底地名，从而满足美国航海和科学要求。15年前（即1985年前。——译者），委员会向其资料库中增添了10条小型地理实体术语，这是由新的复杂测量手段探测出的，从而使得在更大比例尺的图中展现更多细节。另一方面，国际海道测量组织传统上绘制比例尺为1：10,000,000的地图。因此，海底地名咨询委员会有更多的命名工作，且多年来并没有发现有通知国际海道测量组织的必要。与此同时，该组织在1：1,000,000比例尺下绘制了一系列区域海图，并认为有理由要求委员会就其所有命名决定与之进行协调。国际海道测量组织也希望成为在海底地名命名方面的国际权威机构。地名委员会没有接受此提议，因为该委员会认为其自身的方案能够完全满足最广大用户群的需求。不过，海底地名咨询委员会也同意通过交换提议就新地名的命名进行协调。通常，这两家机构都接受大部分提议，但是委员会认为没有必要接受该国际组织通过的所有命名。

南极地理实体

1838年，美国成为第一个派遣探险队对南极进行探索并绘制地图的国家。其他国家也相继制订了南极大陆探索和研究方案。1943年，美国为应援第二次世界大战，扩大了南极大陆地图的绘制范围。航空摄影真实地展现了地理实体，通过此项技术进行的命名工作始于第二次世界大战，并在二战后继续。对南极大陆越来越多的探险活动使地名数量也同步增长。地名委员会在1947年重新组建时，创立了南极地名咨询委员会（Advisory Committee on Antarctic Names，ACAN），其成员代表了活跃在南极大陆研究和地图绘制方面的联邦机构。根据地名委员会的章程，其成员由内务秘书任命，且不限任期。它所代表的美国机构包括美国地质勘探局、美国国家科学基金会、美国国家档案馆以及美国国会图书馆。目前共有六名成员，委员会召开的会议也得到前成员和以前一些职工的帮助。委员会记录显示，多年来，世界知名探险家和科学家作为成员或顾问参与了南极地名咨询委员会的工作，他们绝大多数都在南极大陆工作过。委员会制订的指导原则确保其命名程序满足最高标准。很多地名是为了纪念曾在南极大陆工作或在相关领域参与重大工作的美国科学家和研究员。委员会还接受其他国家机构提议的地名，但必须满足惯常标准。美国国家影像制图局在1995年前对委员会提供技术支持，此后由美国地质勘探局提供，后者肩负着南极大陆测绘的主要责任。

在地名委员会出版地理词典后，南极地名咨询委员会也在1956年出版了一份有3400个地名的词典。它的第五版在1995年出版，其中包含了12,710个地名，并列有一些额外地名或地名变体（以斜体表示），数据中包含了其他语言的拼法、错误拼法或错误使用的地名。有些人使用的资料来源中可能包含不同版本但同样有效的地名拼写，包含地名变体的目的就是确保为这些人提供最大的地理价值。不同于地名委员会出版的其他地名词典，南极地名咨询委员会的出版物描述了每一个被命名的地理实体及地名来源。此信息与地点的经纬度一同列出。附录C摘录了一些该词典中的地名及相关信息的例子。

多年来，委员会一直是少有的几家处理南极地名的国家机构。委员会与英国南极大陆地名委员会及澳大利亚和日本的类似组织密切合作。随着南极大陆研究的不断增加，越来越多的国家开始组建团队进行与南极大陆命名相关的工作。其中一个使命名程序复杂化的因素是，一些国家宣布对部分区域拥有主权，同时不愿意共享在该领土的命名活动。另外一个问题是，智利和阿根廷在南极大陆宣布拥有主权的区域部分重合。美国没有在南极大陆宣示主权，也不承认任何其他国家的宣示行为，包括澳大利亚、法国、新西兰和英国。

南极条约组织（Antarctic Treaty Organization，ATO）是一个国际组织，它的创立使其他国家也有条件针对南极大陆的测绘活动制订相关方案。大部分国家成立了国家命名机构进行命名工作，美国也与这些机构合作。南极条约组织成立了南极研究科学委员会（Scientific Committee on Antarctic Research，SCAR），后者又组建了一个团体负责协调各国对地理实体的命名工作。由于南极地名咨询委员会多年来业已形成一套规则，同时其所有信息也都公开，因此美国宣称其命名方案不受外部规则支配。与此同时，美国将其探索发现提供给南极研究科学委员会，该组织也希望进一步传播此类信息。

南极研究科学委员会曾尝试通过联合国将其命名方案定为国际标准。1992年联合国地名大会的一份决议同意考虑南极研究科学委员会的命名程序，并与该组织建立一个联络处。建立目的仅限于沟通，因为联合国并没有批准地名的职能。

地外地理实体

20世纪70年代，美国政府进行了野心勃勃的月球测绘计划，其中包括通过复杂成像技术对发现的诸多地理实体进行命名。此前，国际天文学联合会（International Astronomical Union，IAU）主要为航天员命名月球和其他行星地理实体。20世纪70年代中期，该组织命名了大约125个环形山、山脉或其他地理实体。然而，这并没有跟上月球测绘计划的步伐。1975年，内政部长同意创建地名委员会地外地理实体咨询委员会（Advisory Committee on Extraterrestrial Features，ACEF），为美国地图提供命名服务。新创建的组织与国际天文学联合会合作以确保一定的工作进展。新组建的咨询委员会质疑的一个问题是，国际天文学联合会使用拉丁语作为地理通名，这是建立在国际科学界想用某种通用语言进行命名的假设基础上。例如用拉丁语mons而非英语mountain表示山，用mare而非sea表示海，用chasma而非chasm表示深谷，用fossa而非ridge表示沟。地外地理实体咨询委员会认为此法不妥，因为很多国家会将拉丁文翻译成本国语言，而不使用罗马字母的国家则不能应用拉丁文术语。尽管委员会建议国际天文学联合会同意情况允许时采用英文术语，但未采取任何行动。

几年后，地外地理实体咨询委员会定期开会讨论新的行星图像，并对新发现的约100个地理实体进行了命名。但是到了20世纪80年代早期，美国月球测绘项目衰落，而天文学联合会则日益活跃。随着时间的推移，地外地理实体咨询委员会停止工作。近来，美国太空计划又开始增多，同时国际天文学联合会所能提供的地理实体名称可能不及美国官方地图的需求，委员会可能会因此再次运行。

第十一章

地名术语

为什么需要地名术语？

如同其他科研领域的专家一样，地名工作者创立了一系列与地名相关的术语和定义。这些术语能够确保我们在进行信息交换时最大限度地降低不确定性。本章探讨了制订地名术语的要求，并给出了通用术语的实例。此外，该章节还列出了使用广泛的主要术语和定义，其中部分术语和定义在先前有关地名起源和特征的章节中有所提及。与此同时，第十一章还涉及联合国就这一主题发布的两份重要文件。[1]

由于实际需要，地名工作者意识到须制订一系列流程，以确保实现地名命名工作的统一。重要的是，在采集地名、验证准确性、以新命名法替代地名、为确保一致性修正地名、将地名归档官方文件、收入地名词典或标注在地图上的过程中，能够清楚地标示出已命名地点的性质。[2]此外，还需对地名的内部结构或命名语言进行定义。一些术语天生就同语言学领域具有关联，因为与地名相关的多数内容都涉及语言学领域的知识。地名专家通常具有地理学、制图学和历史学相关背景，同时掌握两种或多种语言。因此，上述领域的术语也同样会发挥作用。[3]由于语言和书写系统种类繁多，术语的制订标准也往往大相径庭。

地点名称、地理名称、地理学名称，还是地形实体名称？(Place name，geographic name，geographical name or toponym)

“地名”(place name) 也有同义词和变体词。从事地名工作的官方机构通常以geographic name或geographical name等类似表述进行区分。如美国地名委员会（U.S.

Board on Geographic Names）的英文名称使用geographic，而联合国发起的地名标准化会议（United Nations Conferences on the Standardization of Geographical Names）和联合国地名专家组（U.N. Group of Experts on Geographical Names）会议中使用的则是geographical。

另外一个表示地名的英文单词是toponym。该词由两个希腊语单词组成，topo意为"形状"或"形式"，nymy与英语单词name（名称）有关。与toponym相关的单词还有toponymy，这是一个涉及地名研究的学术术语。该词可用作地名相关领域的总称，意为"地名学"。在表示"地名"的英文中，place name、placename或place-name都是常见的用法。另外，单词onomastics（专有名词学）指的是针对各类名称的研究，包括地名。

正如第一章所述，联合国倾向使用geographical name来表示"地名"，并对其和相关术语做出了多数国家都能接受的定义。[4]然而，联合国的定义与各国实际地名工作中给出的定义存在差异。联合国名称词汇表有这样的英文条目："地理学名称(geographical name）是应用于地理实体的名称"(词汇表以联合国六种官方语言印制，即阿拉伯语、汉语、英语、法语、西班牙语和俄语)。那么，另一个问题就随着该定义应运而生一"什么是地理实体？"词汇表中的英文定义解释为"具有可识别特性的地球表面的一部分"。然而，美国地名委员会对该术语的定义既包括自然地理实体，也含有部分人文地理实体，如州、县及城市，或其他可见和肉眼不可见的实体（包括主要通过电子探测手段可见的海底地理实体)。因此,美国所定义的"地理实体"(英文用geographic或geographical表述）概念超出了联合国的定义范围。

很多国家倾向用toponym表示"地名"，通常各国对这一用法并无异议，但联合国的资料却将该词定义为"用于表示地形实体（topographic feature）的名称"。诚然，地形图（topographic map）确实能够描绘出地形实体的特征，但用来表示城市或森林的地名难道就不能叫作toponym吗？不过近来，该词逐渐获得认可，成为地名领域最为恰当的术语，尤其受到那些从学术或语言学角度开展研究的地名工作者的推崇。西班牙语对toponym的定义略有不同，其解释翻译成英文为"称呼某一个地形实体的名词"。第二层定义认为，toponym可作为geographic name（地理名称）使用。进一步讲，toponymy的西班牙语定义认为其与出现在地形图（展示地形特征的地图）上的toponym（地形实体名称）有关。这么看来，在其他类型的地图上将不会使用toponym表示地理实体名称，比如航空图就或许不会详细描绘具体的地形特征。

由上可见，与地名相关的术语有不同的变体。由于不同的定义也是各个语言的一部分，人们或许并未想到地名术语会存在这些不一致的现象。当然，对术语的不同解读也在一定程度上影响国家和国际的地名标准化进程。类似地，提交至联合国会议的文件和参会者使用的词汇或短语也可以用不同的方式进行表述。因此，地名命名领域的一大挑战就是制订出统一的术语和定义。

专名和通名

根据各国使用的语言，地名可能包含不同种类的词汇。在美国和一些特定国家，河流或其他地理实体的名称通常包含属性不同的两个部分。Hudson River（哈得孙河）及Rocky Mountains（落基山脉）就是例证。Hudson（哈得孙）既是一个名词（作为早期探险者名称的专有名词），也是一个地名专名（specific name）。Rocky（多岩石的）是一个描述地表性质的形容词，同时也是一个地名专名。而名词river（河）是一个地名通名（generic term），因为该词也可以表示其他同类别的地理实体。mountains（山脉）也一样，既是名词、也是通名。在美国，几乎所有被命名的地理实体都包含上述两个部分，以确保人们能够充分辨识地理实体。大多数情况下，专名在前，构成名称的第一部分，但在有些地名中，通名也有可能位于首位。因此，伊利湖（Lake Erie）的英文语序是反过来的，但与其相关的五大湖（Great Lakes）英文名称又是正常语序。不管怎样，专名和通名的使用与英文中姓名的使用具有相同的效果：专名相当于名，通名相当于姓（欧美国家一般将名字放在姓氏前面）。

很多情况下，即使当地地名不使用通名，美国和其他国家的地图集也会为每一个地名添加通名。比如，Danube River（多瑙河）这一写法可能会出现在美国地图上，但是有些国家的当地地图（如奥地利地图）可能只会标出专名Donau（多瑙）。在美国看来，地名应准确地体现出自然地理实体类别，添加通名显得地名更为完整。

美国在地名工作方面的另一项惯例是，针对国际公有领域的地理实体，在地图上也会标出通名和专名，比如大西洋（Atlantic Ocean）和加勒比海（Caribbean Sea）。[5]

市名、县名、州名和国名

针对与行政区划相关的地理实体名称（如村、镇、市、县、州或国家），美国地名委员会并未使用通名，因为这些地方都不是“自然”地理实体。如宾夕法尼亚州(Pennsylvania)的匹兹堡(Pittsburgh)仅含有专名。在由两个或更多单词构成的地名中，所有单词都被视为专名的一部分。如New York City（纽约城）由三个专名元素构成。类似地，Ohio（俄亥俄州）和United States of America（美利坚合众国）都不含通名。官方名称只是一个称呼，因此不需含有通名。

专名化的通名

有些定居点的名称看起来好像是自然地理实体，而非一个有人居住的地方。建立在河、湖等地理实体旁的城镇就会采用这样的名称。比如，位于密歇根州 (Michigan) 的大急流城 (Grand Rapids)，该地兴起于格兰德河 (Grand River) 水流湍急的地方。另一个例子是巴西 (Brazil) 的里约热内卢 (Rio de Janeiro)。在17世纪早期的某个一月份，葡萄牙探险船的船长在如今的巴西海岸发现了他认为是河口的地方。船长将该地理实体命名为Rio de Janeiro（即现在的里约热内卢，葡萄牙语直译为"一月之河"）。后来，人们在探险中发现，整个地理实体实际是个海湾，而非河流的一部分。与此同时，一个定居点采纳了该名称，并逐渐发展为巴西的主要城市。人们将城市名称中的这类"通名"称作"专名化的通名"(false generic element)，实际上它们属于专名的一部分。世界上还有很多类似的例子，不管这些地方当初因何得名，这些名字仍然被保留下来。

惯用地名

早期的探险者、商人、航海家和其他人在海外的旅途中会涉足那些他们不熟悉、但已经有名称的地方。这时，将地名记录下来就显得十分必要。听着不理解的语言、又无法获得关于该地名的文字信息，他们只能根据当地人的发音以自己的语言做记录。由于不同的人群会在不同的时间造访同一个地方，加之当地人的说话风格也不可能完全一样，最终记录下的地名远远达不到一致。此外，旅行者自己也可能对相同的地理实体给出不同的名称。贸易和探险活动活跃的国家会收集自己版本的地名，殖民国家更是如此，其中多数地名最终都成为这些国家词汇中的标准要素。

说英语的人就汇编出大量的此类地名，若其与当地人所使用的版本不同，这些名称就成了"惯用"(conventional) 地名。一些英语惯用地名包括将奥地利 (Austria) 的维也纳拼作Vienna而非当地拼法Wien，将德国 (Germany) 的慕尼黑拼作Munich而非München，将捷克共和国 (Czech Republic) 的布拉格拼作Prague而非Praha，将意大利 (Italy) 的威尼斯拼作Venice而非Venezia，将荷兰 (Netherlands) 的海牙拼作The Hague而非'S-Gravenhage。事实上，几乎所有国家针对其他国家的地名都有惯用名称。比如，德国慕尼黑在意大利语中的惯用地名是Monaco。[6]1977年，地名委员会编制了一本包含780个居住地和其他地理实体的惯用名称（不含美国及其属地）的地名录。很多惯用地名自那时起被弃用，因为地名委员会出台了应最大限度地使用当地地名的政策。然而，不少惯用地名仍可见于学校地图和其他使用广泛的产品中。此外，英语文学作品中还有数量庞大的惯用地名，且今天仍具有重要意义。附录D

列出了部分增补的惯用地名和相关信息。

联合国重要目标之一就是消除惯用地名，使用当地地名（或应使用者群体的需求，采用罗马化形式）。由于各国书写系统不同，要实现这一目标并非易事。对使用罗马字母的国家而言，从其他书写系统转写为罗马字母拼写的地名看起来会十分陌生。然而，地名委员会的官方政策就是使用当地的拼写（根据地名委员会认可的罗马字母版本进行转写），同时保留国家名称的惯用形式。另一方面，主管国际事务的高级联邦官员可在日常工作中使用惯用地名，以确保参会者能更加迅速地辨别出正在讨论的地点。私有出版社也可保留惯用地名，以获得更高的读者认可度。在美国出版的旅行手册几乎总是使用英语惯用地名。比如，一本关于意大利旅行的手册极有可能用Venice而非Venezia来表示威尼斯。

地名的简称和全称

多数国家的英文名称都有简称和全称两种形式。“阿富汗”(Afghanistan) 是美国地名委员会用来表示该国的简称，其全称形式为“阿富汗伊斯兰国”(Islamic State of Afghanistan)。类似的例子还有白俄罗斯 (Belarus) 和白俄罗斯共和国 (Republic of Belarus)、缅甸 (Burma) 和缅甸联邦 (Union of Burma)、意大利 (Italy) 和意大利共和国 (Italian Republic)、约旦 (Jordan) 和约旦哈希姆王国 (Hashemite Kingdom of Jordan)、卢森堡 (Luxembourg) 和卢森堡大公国 (Grand Duchy of Luxembourg)、俄罗斯 (Russia) 和俄罗斯联邦 (Russian Federation)、斯洛文尼亚 (Slovenia) 和斯洛文尼亚共和国 (Republic of Slovenia)、斯里兰卡 (Sri Lanka) 和斯里兰卡民主社会主义共和国 (Democratic Socialist Republic of Sri Lanka)、英国 (United Kindom) 和大不列颠及北爱尔兰联合王国 (United Kingdom of Great Britain and Northern Ireland)。也有一些国家的英文名称没有全称、简称之分，如波斯尼亚和黑塞哥维那 (Bosnia and Herzogovina)、加拿大 (Canada)、爱尔兰 (Ireland)、日本 (Japan)、新西兰 (New Zealand) 和罗马尼亚 (Romania)。在英文中，“Czech Republic”(捷克共和国) 既是该国的简称也是全称。

地名标准化

“标准化”是联合国和各国地名工作用语中的基础词汇，但这一表述可能具有不同的含义。联合国词汇表将标准化定义为“作用于既定地理实体的建议或规范，该规范以文字形式描述了一个或一组特定方法，同时对这个或这组方法的适用范围进行了限定”。更为贴近实际的解释是：标准化是为确保所有地名及其相关属性的准确性所做出的努力，同时确保地名的拼写、位置和在既定国家官方地位方面尽可能少地引发疑惑。另一方面，有人认为标准化具有一刀切的官僚色彩。某词典对其做出的定义是“使符合某个标准”。事实上，“标准化”一词是经过广泛讨论、由地名专家和联合国官员选出的恰当表述。有趣的是，并非所有国家的命名机构都使用该词。尽管地名拥有不同的变体，但地名专家普遍认同“标准化”一词的恰当性。至于公众理解到何种程度，则又是另外一个问题了。另一个相关的联合国术语是“标准化地名”，表示“获得官方或依法组建的机构认可的首选地名”，这种说法似乎更容易理解一些。

地名的分类

任何地名研究都会得出地理实体可根据相同或相似类型进行分类的结论。另一个结论是，可根据地名的起源和功能对其进行分类。[7]因此，不少地名工作者都制订出了一系列术语，以对地理实体的类型和地名特征进行定义。这一做法在许多方面对于涉及地名工作的国内或国际方案具有极其重要的作用。其目的是让地名专家彼此能够有效沟通，但也可能变得太过理论化。

注释1提到的“地名术语表”中的部分术语在法国国家地理研究所（Institut Geographique Nationale）的另一本出版物中也有涉及。以下列出了上述出版物及其他资料中被广泛使用的一些术语。为了便于理解，本书作者对内容进行了部分调整。

首字母缩略词（acronym）。由复合词中各部分或主要部分首字母依次组合而成的单词。说起首字母缩略而来的地名，Soweto（索韦托）算是个有趣的例子，该词源自South-Western Townships（西南镇），指代南非（South Africa）的一系列行政区域。

别名（allonym）。指的是有两个或多个名称均表示某个地形实体。如英格兰（England）的赫尔（Hull）与赫尔河畔金斯顿（Kingston on Hull）。其中一个名称被视为该地的官方名称，即赫尔（Hull）。

地域名称（choronym）。表示面状地理实体的名称，即拥有可辨别边界但海拔变化小的平原或平地。

当地语地名（endonym）。以本地语言表示的当地地理实体的名称。比如，奥地利首都Wien（维也纳）是一个德语名称。

源自普通名词的地名（epotoponym）。包含普通名词基本要素或起源地的地名。如法国的香槟地区（Champagne），该地区因起泡葡萄酒——香槟而闻名。另一个术语是“人名地名（eponym）”(附录A中列出了一些基于地名的常用词汇)。

外来语地名（exonym）。具有官方地位的某种语言对境外地理实体使用的名称，这个名称与地理实体所在地的官方语言或其他语言的名称不同。这些名称也可称作惯用地名。比如，Londres是London（伦敦）的法语拼写形式，Vienna是Wien（维也纳）的英语拼写形式。

异地同名（homonym）。用两个或多个相同的名称指代不同的地点。比如，San José（圣何塞）可指代哥斯达黎加（Costa Rica）的数个不同地点。

水名（hydronym）。表示河流、溪流或其他流动水体的名称，用于指代水文地理实体，如波托马克河（Potomac River）就是一个水名。

交通路线名称（odonym）。表示街道或马路的名称，如美国的缅街（Main Street）、帕克大道（Park Avenue）和95号州际公路（Interstate 95）。

山岳名（oronym）。表示高于周边地形（高地）的地理实体的名称，如山或峰。阿拉斯加州（Alaska）的麦金利山（Mount McKinley）便是一例。

纪念性地名（patronym）。为纪念某人而将其姓名作为地理实体名称的地名。如华盛顿特区（Washington, D.C.）因乔治·华盛顿（George Washington）得名。

地名的说明性注记

在美国地名委员会出版的国内外区域地名录中，每个名称后面都跟有“说明性注记（designation）”，描述地理实体的特性。地名委员会认为有必要补充此类信息，因为它可让人们知道地理实体所属的类别，而这一点单从名称上是无法判断的。说明性注记由2—4个字母组成，也可能包含数字。很多说明性注记易于记忆且通俗易懂。美国地名委员会为其地名录设计了数百个说明性注记，并在印刷版中恰当地标出。说明性注记的定义在每个出版物的起始部分列出，如：

PPL：居民地，如村、镇或城市，不论规模和功能之分。

STRM：流动的淡水水体，如河或溪，但不含洋流。

ADM：行政区，如县或州。AMD1是一级行政实体（如州），ADM2是二级行政实体（如县）。

MTN或MT：山或其他高海拔地理实体，较周围地形突出。

附录E列出了美国地名委员会所出的奥地利地名录数字版的一部分，其中定义了说明性注记和其他与所选地名相关的术语。该版版式与地名委员会的其他外国地名录数字版相同。附录C摘录了地名委员会海底地理实体和南极洲地名录中的相关信息。（从中可发现，地名委员会对南极洲地名进行的命名更倾向于对地理实体进行文本描述，而非简单地列出说明性注记。）大多数情况下，地名通名与说明性注记栏中列出的内容相一致，但增列说明性注记的目的是确保准确地识别地理实体类别，因为通名的表述有时可能不够精确具体。第十二章“讲英语的人如何读写阿拉伯语或俄语地名？”同样探讨了与语言和书写系统相关的术语。

术语的含义差异

实际上存在很多类似的术语，一些国家按相关分类标准出版了不同的地名录。美国地名委员会只是偶尔使用“山岳名”或“水名”之类的术语。联合国就一般术语印发了两份文件，其包含在注释1所引用的出版物中。1998年版词汇表列出了约230个术语，1987年版有约110个。内容包含广泛而专业的术语及其定义，其中并非所有内容都一致，同时一些内容看起来似乎与实际地名工作相关性不大。联合国文件以及各成员国所提交文件中的术语含义存在差异。下面列出了本文所引述联合国出版物中经常使用的三个术语。联合国文件中的术语含义标注为A，联合国地名专家组出版物中的术语含义标注为B。

含义差异

别名（allonym）

A. 指代同一地形实体的两个或三个名称之一。

B. 指代同一地形实体的两个或多个地名中的任何一个。

外来语地名（exonym）

A. 具有官方地位的某种语言对境外地理实体使用的地名，这个地名与地理实体所在地的官方语言或其他语言的名称不同。

B. 具有官方地位的特定语言对境外地理实体使用的名称，这个名称与地理实体所在地的官方语言或其他语言的名称不同。

水名（hydronym）

A. 用于水文地理实体的地名。(注：参考资料将水文地理实体定义为“海、洋本身和其各部分以及与海、洋相关的地理实体”。)

B. 用于水文地理实体的地名。(注：参考资料将水文地理实体定义为“由水或主要由水，而不是由陆地所构成的地形实体”。)

尽管定义基本一致，但是术语及其暗示意义的细微差别可能会造成误解，将其翻译为联合国六种官方语言时更是如此。1987年版的文件由联合国会议服务部的文件、参考资料和术语办公室起草。1998年版的文件在联合国地名工作层面可能有更高的地位。一个自然而然的问题是，这些部门和其他联合国机构在处理共同问题时相互协调的程度究竟有多大。实际上，第七次联合国地名大会曾呼吁联合国内就相同或类似话题撰写报告的机构更全面地协同合作，但未采取任何实际措施。

地名词汇表是地名领域的基础构成元素。尽管一些术语和定义可能在不同国家有不同的解释，但可以肯定的是术语词典的重要性。毫无疑问，我们仍需努力创建一个有一致术语的体系。地名术语的标准化建设符合实际工作的需要。

注释

1. 联合国词汇表，地名标准化技术术语 (1987年版) 和同类出版物：联合国地名专家工作组地名术语表，第4版，1998年1月于第七届联合国地名标准化会议发布。

2. 地名录由一系列地名列表组成，在第十三章“地名录”中进行讨论。

3. 地名工作者或在相关领域有一定背景的地名学家通常有资质参与到命名实践中 (即确保地图、海图和其他出版物使用了正确的地名)。然而，并不是所有的地名学家都参与了地图和海图的绘制工作。

4. 如前所述，本书偏向使用place name表示地名，偶尔也使用geographic name。

5. 这些术语主要用于官方文件。私下交流或在其他交际环境中，说话人根据语境可能会只使用其中的一个术语来表达。如，住在马里兰州大洋城 (Ocean City) 的人可能会用Atlantic (大西洋) 或ocean (洋) 表示临近的大西洋 (Atlantic Ocean)。

6. 如“术语的含义差异”小节内容中所解释的，此类地名的术语为外来语地名 (exonym)。

7. 第一章“什么是地名？”根据地名的起源特征对地名进行描述。

第十二章

❖

讲英语的人如何读写阿拉伯语或俄语地名？

不同语言或书写系统的地名之间的转化

国际间地名信息的交流面临的一个最大难题可能就是语言。[1] 仅掌握一门语言的人几乎无法识别用其他语言读写的地名。这就要求地图的制作者，以及制造那些包含地名信息的产品生产商，必须针对目标群体，将地图或有关产品中的地名转换为用户熟悉的形式。尽管不难想象，对拿着多份不同国家地图的人来说，纷繁复杂的各式语言会带来极大的困扰，但还有一件同样重要的事情也应该考虑到，那就是在理解不同语言的书写系统方面可能会遇到困难。举个例子，俄罗斯出版了一份印着本国地名的地图，地名用某种特定的方式标在图上，对于仅熟悉英语的人来说，这份地图没有可读性，反之亦然。因此，无论拼写任何地名，如果它所在地区使用了不同的语言，那么从潜在用户的角度考虑，必须将这条地名转化为用户可以理解的书写形式。不管在什么情况下，把地名从一种语言和书写系统转换为另外一种语言和书写系统的程序对国际地名标准化工作来说都是十分重要的。

罗马化（romanization）一直是人们在地名标准化工作中的一个主要关注点，它是一个语言学上的处理过程，表示把一个用非罗马字母书写系统书写的地名转化为使用罗马字母书写的对应形式。在所谓的西方世界中，采用罗马字母的语言十分普遍。因此，对于使用非罗马字母语言的那些国家来说，转换地名拼写形式的罗马化程序变得不可或缺。

由于英美两国企业的足迹遍及全球许多地方，为了更好地适应很多使用非罗马字母国家的语言环境，两国的语言学家开发了罗马化转写系统。除了英美以外，其他使用罗马字母的国家也有各自的罗马化处理方案，例如法国等。后文将会提到，罗马化处理过程一般有两种形式，一种称为“转写（transliteration）”，另一种称为“音译（transcription）”。另外，一些使用非罗马字母的国家开发了自己的罗马化转写系统供外部使用，并用这些系统代替了早先由外国人开发的系统。例如，在几十年以前，由中华人民共和国创建的汉语拼音系统，将已经被英美使用了数十年的一套用于拼写中国地名的系统淘汰掉了。

语言和书写系统

尽管语言和书写系统之间的差异很早就被人提起过，但是通过相关术语对其进一步阐述还是很有必要的。当使用不同语言的国家碰到各种不同地名的时候，人们通常会用某种语言来指代那个地名所采用的书写方式。例如，人们可能会说，苏联的地名是用俄语写的，美国的地名是用英语写的。可是从语言学家的视角来看，苏联的地名是用俄罗斯西里尔字母书写（至少官方地名都是如此），即苏联的书写系统（或文字系统）。而美国的地名则是用罗马字母拼写的。不管是拥有一种还是好几种官方语言，每个国家都有自己的一套书写系统，而文字主要是以下三类：字母文字（alphabetic script），音节文字（syllabic script）和词符文字（logographic script）。

字母文字使用字母（包括带有或不带有变音符号或特殊符号的字母）拼写单词，包括阿拉伯文字、西里尔文字、希伯来文字、罗马文字和泰文。使用阿拉伯文字的国家有埃及（Egypt）、约旦（Jordan）、摩洛哥（Morocco）、沙特阿拉伯（Saudi Arabia）以及伊拉克（Iraq）。使用西里尔文字（有多种变体）的国家有俄罗斯（Russia）、塞尔维亚（Serbia）以及乌克兰（Ukraine）。希伯来语是以色列（Israel）的通用语言。使用罗马字母的国家遍布欧洲西部和中部、太平洋中部和东南部地区、以及中非和南非的许多国家。

音节文字有一整套字符集，其所有的或大多数单个字符代表一个完整的音节。如阿姆哈拉文（埃塞俄比亚的官方文字）、日本的平假名及片假名都是音节文字。[2] 朝鲜文虽归属字母文字，但字的拼写以音节为单位。

词符文字是由图形符号或符号组合构成的文字。如中国汉字和日本汉字都属于这一类。[3]

意译、罗马化、转写和音译

这一部分主要讨论将地名从一种书写系统转换为另一种书写系统的方法，包括意译（translation）、罗马化（romanization）、转写（transliteration）和音译（transcription）。

这些词汇有时候也被交叉使用（或错误使用）。比如，下面这句话就有两处错误：“乌克兰（Ukraine）的首都是Kiev（基辅），它是由 Київ 翻译过来的，Київ 是所在国家语言的拼写形式，即西里尔语。”首先，Kiev不是由 Київ 翻译而来的，而是 Київ 的英语惯用拼写形式。其次，严格说起来，西里尔并不是语言，而是一种书写系统，或者说是文字系统（西里尔字母有不同的形式，包括俄语字母、塞尔维亚-克罗地亚语字母和乌克兰语字母）。这些错误很常见。准确来说，意译是指：将一些地名翻译为英语（或其他语言），从而成为标准地名。德国有一片林区，拼作Schwarzwald（黑森林），在英美地图和其他地理参考书中都直译作Black Forest（黑森林）。可以意译的地名并不多见，因为当地地名的形式总是更能为国际社会所接受。

写上面那句话的人很有可能把意译和转写混为一谈了。转写是指将不同的字母转化为其他语言中与之相对应的字母的过程。比如，罗马化就是将不同语言中的非罗马字母转化为罗马字母。

上面那句话的正确说法应该是:“说起乌克兰的首都，被人们熟知的地名形式是Kiev，但这只是英语惯用地名，采用乌克兰西里尔字母的当地官方拼写形式应该是 Київ。”更具体而实用的信息是:“如果使用美国地名委员会或英国地名常设委员会的罗马化转写系统（BGN/PCGN system）将该乌克兰西里尔文地名罗马化，那么其罗马化形式应该是Kyyiv。”

至于转写，除了上面提到的Kyyiv，还有另外两个例子：一个是俄罗斯的地名，用俄语的西里尔文拼写是Щукило，用美国地名委员会或英国地名常设委员会的系统转写后则是Shchukino。很多地名都和这个地名的情况一样，并没有相对应的英语惯用地名。又如埃及首都，在阿拉伯语中写作القاهرة。用美国地名委员会或英国地名常设委员会的系统转写后是Al Qāhirah，英语惯用地名则是Cairo。

附录F中列出了一些俄罗斯的西里尔文地名，这些地名既符合1983年的俄罗斯地名罗马化标准（简称GOST），也符合1947年通过的美国地名委员会和英国地名常设委员会设立的标准。这些地名系统的相似之处一目了然。附录G列出了美国地名委员会和英国地名常设委员会为塞尔维亚–克罗地亚的西里尔文地名建立的罗马化转写标准，这套标准和俄罗斯西里尔文地名的罗马化标准有相似之处，但并非完全一致。

音译是指，通过既有的文字和符号系统将原语地名的语音转化为目的语的文字，即以某种目的语的文字来标记原语地名的语音。罗马字母拼写可能还会有一些辅助符号，使得最后得到的音译结果能尽可能贴合原来的发音。音译系统表针对从源语文字到对应罗马字母的转化做了详细的注解。由于表格长达三至四页，本书中并未收录。

美国和英国的罗马化系统

美国地名委员会和英国地名常设委员会合作公布了其他语言的地名罗马化系统，包括阿姆哈拉语（Amharic）、阿拉伯语（Arabic）、亚美尼亚语（Armenian）、阿塞拜疆语（Azerbaijani）、保加利亚语（Bulgarian）、缅甸语（Burmese）、白俄罗斯语（Byelorussian）、中国汉字（Chinese Characters）、格鲁吉亚语（Georgian）、希腊语（Greek）、希伯来语（Hebrew）、日文假名（Japanese Kana）、哈萨克语（Kazakh）、高棉语（Khmer）[即柬埔寨语（Cambodian）]、吉尔吉斯语（Kirghiz）、朝鲜语（Korean）、老挝语（Lao）、马其顿语（Macedonian）、马尔代夫语（Maldivian）、蒙古语（Mongolian）、尼泊尔语（Nepali）、普什图语（Pashto）、波斯语（Persian）、俄语（Russian）、塞尔维亚-克罗地亚语（Serbo-Croatian）、泰语（Thai）、土库曼语（Turkmen）、乌克兰语（Ukrainian），以及乌兹别克语（Uzbek）。其中的大部分都是英美两国地名工作人员经过几十年的努力研究才得出的，但是自从出版后，影响了这些相关国家的地名工作。而且，希腊人表示他们早在20年前（即1980年前后。——译者）就建立了自己的希腊语的罗马化系统，而美国地名委员会和英国地名常设委员会直到1996年才通过并接受了该方案。

不过，上面所提到的这些罗马化系统并非都得到了国际社会的认可，因为一部分相关国家认为，只有它们自己才有权利为本国的地名设立罗马化标准。一些国家在联合国大会的技术研讨会议上提出了这一问题，英美两国的代表表示愿意对这些系统做出调整。联合国地名专家组成立了一个地名罗马化专家小组，致力于建立符合联合国标准的罗马化系统。有意思的是，尽管有一些非罗马字母的国家已经建立了本国的地名罗马化系统，但还有其他许多国家表示，美国地名委员会和英国地名常设委员会建立的地名罗马化系统仍然是他们所推行的唯一的地名罗马化转写方案。这种既不愿意彻底抛弃已经长期存在的地名罗马化标准，进而用全新的标准取而代之，又想满足本国人们的需求，希望对当前的罗马化标准做出调整的做法，对地名标准化领域来说，是一项严峻的挑战。随着非罗马字母国家自己制订的新的罗马化系统的官方地位的逐渐确立，一些罗马字母国家在修订地图、地图集、地球仪和参考书上的地名信息等相关活动中可能会愈加感到困惑。这种双罗马化系统的存在引起了两个新名词的产生，即“施予系统”(donor system) 和“接受系统”(receiver system)。所谓“施予系统”，是指非罗马字母国家为罗马字母国家的使用而建立的地名罗马化系统，比如俄罗斯自己编写的罗马字母转写系统。而“接受系统”则是指一个或多个罗马字母国家为非罗马字母国家建立的地名罗马化系统，比如英美为俄罗斯建立的地名罗马化系统。事实上，并非所有的罗马字母国家都愿意很快接受非罗马字母国家创立的罗马化系统（即使该系统已经在本国取得了官方地位）。固然，这些新建立的罗马化系统会随着时间而不断得到调整和优化，但新系统中存在的一些字母组合或变音符号无疑会增加这些地名的发音难度。

地名的发音

既然地名有标准拼写形式，那是不是也应该有标准发音？一个讲英语的人能够准确无误地读出一个罗马化的俄罗斯地名吗？Shchukino就是最标准的罗马化地名了吗？如果有人在一个埃及人面前说Al Qāhirah，这个埃及人是否知道他是在说开罗呢？不过，就算同是罗马字母国家，彼此之间提到地名时也会有种种问题出现。比如，西班牙人该如何读荷兰地名？意大利人又该如何读一个波兰地名？地图集和地名词典给出了所收录地名的读音，以使人们能用相对准确的发音读出这些地名。前面提到的由美国地名委员会发布的罗马化系统，其相关材料中提到处理非罗马字母地名中特殊字母或符号的参考建议。该参考建议主要关于如何用特定的罗马字母及变音符号、特殊字符来拼写非罗马字母地名，同时也涉及了地名的读音。然而，当中也有一些不足之处，如委员会没有给出地名的官方读音。国际音标（International Phonetic Alphabet，IPA）中含有不同的字母和符号，可用于发出不同词语（和地名）的当地读音和官方读音。然而对大部分人而言，国际音标既复杂又陌生。因此，除了专家们在文件中引用外，在很大程度上，国际音标并不适合应用于地名出版物。

尽管一种文字可以根据某些规则转化为其他形式的拼写，但模仿当地发音方式而来的地名读音却不一定正确。美国和英国的官方地名机构提出一种假说，他们认为，地名经过罗马化转写后，其元音的最标准发音应该以意大利语的发音方式为基础，而辅音的发音应该以英语的发音习惯为基础。以意大利语的元音发音为准，可以使地名发音更为标准，否则若以英语的元音为准，就会产生不同的变体。给特定字母增加某些变音符号或特殊符号，可以使地名读音更为准确、逼真。这些新增加符号的使用规则也会成为罗马化体系的一部分。

推行地名标准读音的尝试中遇到了很多问题。即使是在那些只有一种官方语言的国家，不同地方也会有不同的语言习惯，从而有不同的地名读音（当然，其他词的读音也会如此）。[4]对于一些语言来说，推行地名标准读音的困难之一在于，这些语言具有声调。比如，在越南语中，一些特定的元音具有不同的声调和音高，表达出完全不同的意思。[5]此外，人一旦从婴儿时期就根据当地的语言习惯发音，经过多年的锻炼后，很难再发出其他语言中的某些读音。比如，美国人的日常用语中很常见的字母r和l，中国人和日本人就较难发出。

正如第八章“认识到地名混乱的问题”中所说，美国地名委员会国内地名分会试图建立美国地名标准读音，但该项目的语言学家们并不能找到恰当的地名示例，因而不得不放弃努力。联合国关于地名发音的讨论，目前还没有形成任何决议。

注释

1. 第一章注释1解释了“语言”和“书写系统”之间的区别。本章讨论了语言转换和一些相关问题，但由于内容过于复杂，所以只会进行概括性地介绍。

2. 《罗马化转写系统和罗马字母拼写规则》(*The Romanization System and Roman-Script Spelling Conventions*)，美国地名委员会外国地名分会成员起草，国防制图局出版 (1994)。其中介绍了日语假名的罗马化系统：日语的文字由两套符号组成，即日文汉字和假名。假名为音节符号，又分为片假名和平假名。

3. 本章注释2介绍了日语假名。

4. 我们把这种以一种基本语言为基础，但由于言语习惯不同而造成的语言变体叫作“方言”(dialect)。而这些语言变体在日常普通用语中又可以叫作“口音”。

5. 随着音质和重音的不同，英语单词也会呈现出不同的含义。比如，yes就可以表达出不止一种意思。当用肯定的语气说出时，它便有着强烈积极的感情色彩 (仿佛有一个感叹号放在其后)。如果是用上升音调说出，则带有不确定的意味 (就像后面缀着一个问号)。其他语言也有类似的情况。

第十三章

❖

地名录

地名录是一份列表，上面将某一特定地区的全部地名按照字母的顺序进行排列，表中每一个有名称的地理实体后面还会标注经纬度。[1]地名录的一个额外但却很重要的功能是帮助人们识别地理实体。一部地名录可能还会包含一些其他信息，诸如城镇人口的数量、山脉的高度、湖泊的大小、某地的经济情况以及地理实体的照片等。若想了解文献资料中某地名的详细信息，一份地名录可以提供很多有用的背景信息。

事实上，美国地名委员会编辑了几乎世界上所有国家的地名录，并严格按照字母的顺序排列。每一个词条还包括地理实体类型和表示这条地名位于哪一张地图的图幅编号信息。

在第二次世界大战和随后的若干年间，美国军方和情报机构制作了大量地图、海图及相关文件，以便制订计划的人员了解全球形势。除了英国在某些特定地区制作了部分地名录以外，再也找不到第二份像地名委员会制作的这种涉及许多国家、覆盖范围广、内容丰富的地名录了。二战后不久，一套非常重要的出版物诞生了——《国家情报调查报告》(*National Intelligence Survey*)，它是中央情报局发布的一系列出版物的统称。每一册都包括九个章节，内容涵盖军事、经济、文化、情报问题等，针对描述国家的不同也会有一些具有本地特色的主题。由于报告中涉及大量地名，专门有一章是地名索引，列出了其他章节中出现的地名、地理位置及相关信息。这份地名录由地名委员会制作，在1968年以前一直属于涉密文件，之后越来越多的联邦机构需要使用这份资料，在20世纪70年代中期，该地名录变为公开销售的资料。

在冷战时期的大部分时间里，由于苏联和它的盟友没有对外发布过含有丰富信息的地名出版物，美国地名委员会的工作人员只好自己动手，通过调查一系列文件，来对这些国家的地名进行核验和位置确认。他们还曾试图与相关国家开展合作，但回应者寥寥无几。本书第十四章“冷战”将讲述这一段时期美国的经历。

现在，地名委员会正在制作国外各地区地名录的数字版，它的图书馆里还有很多纸质版的各国地名录，有待进一步数字化。截至1997年，数字版地名录覆盖87个国家，提供了约500万条地名数据。附录E显示了奥地利的数字版地名录的部分信息，它也是外国地名录的经典形式。

印刷版地名录的内容与数字版相似。尽管印刷版的地名录包含“介绍”，如数据来源或一些细节信息，但数字版的地名录用户通过网络搜索也能够获取同样的信息。

数字版地名录有很多优点。最显而易见的好处是可以加快地名的获取速度，一旦得到后还可以迅速将其打印下来。当然了，这些数据都是“只读”的，也就是说，用户仅可以使用数据，但无法进行任何修改。尽管数字版优点多多，但印刷版的地名录有时候仍旧是一种很好的选择。对部分人来说，把书翻开摊在桌子上面看，是一种更惬意的使用方式。而且印刷版还有一个好处，一旦发现某处存在错误或其他需要，用户可以直接在书上做批注。

地名委员会也制作各州单独的地名录，它们由美国各州自行出版，开展这项工作的州级机构在联邦规范的约束下，与美国地质勘探局签订了合约。目前，美国全部的州、哥伦比亚特区以及其他边远地区都建立了数字版地名录。美国地质勘探局还出版了一部《地名委员会地名录简册》，收录4.2万条地名。这类书中包含的信息与那些外国地名录中的信息大同小异。

除了美国以外，还有几个国家也会出版地名录，但几乎没有例外，其他国家出版的地名录都仅仅涉及本国的地名，然而也有个别特殊的：早在1925年，英国地名常设委员会开始制作一系列外国地名录，涉及范围包括英国感兴趣的地方，至少是一定程度上有所关注的地方。在第二次世界大战之前，英国的出版规模达到顶峰，当时大约有12册地名录出版面世。英美两国在地名领域的合作由来已久，当美国被卷入世界大战后，它突然意识到，英国制作的这类出版物价值重大。二战结束后不久，美国地名委员会照搬英国模式也开始出版自己的地名录。今天，英国地名常设委员会还在制作一些国家的地名录，但令人感到难以理解的是，它却没有权限开展本国地名相关工作，这项任务由英国地形测量局 (U.K. Ordnance Survey) 的有关部门承担，该局已经出版了一册涵盖英国地图中地名的地名录。

加拿大在编辑国内地名录方面，有一套自己的流程。加拿大各省及地区有权按照当地的地名命名准则决定本地的地名。另外，加拿大地名委员会 (Geographical

Names Board of Canada）出版了一本国内地名录，该书包含了一些水下地理实体，位置在我们常说的加拿大水域（Canadian Waters）及其周边。

越来越多的国家开始建立自己的国家标准化机构，其主要目标之一便是制作地名录，尽管做出的产品可能形式不同、内容各异。智利、伊朗和波兰等国制作的地名录均按照罗马字母排序，但是会按照地理实体类型划分成不同的部分。例如按照陆地地理实体、水系地理实体、居民点等划分。此外，有些国家的地名录或许改称为地名词典更合适，因为除了地名条目，书中还包括照片、文本以及其他关于地理实体的各种信息。

随着大家对地名录在地名标准化工作中关键作用的认识日益加深，国际间交换地名数据的意愿也越来越强烈。美国现在正在与很多国家合作，试图建立双方互惠共赢的地名录出版流程。这种努力和尝试在一些国家，特别是曾经为苏联一部分的那些国家中间，显得尤为迫切。[2]它的一个主要目标是出版在美国和第二方国家中都具有官方地位的地名录。这种尝试与生俱来存在一些问题要去解决：如果另外一国不使用罗马字母，便会面临一个主要挑战——要存在一种双方都能接受的罗马化转写系统方案。现阶段的重点是地名录到底是做成数字版还是纸质版。不管怎么样，数字版的数据看起来在这个过程中是可以相互交换的。以后随着双边地图产品制作方面的合作越来越普遍，在命名原则上达成共识也将会变得至关重要。

无须摆出很多理由，就可以证明地名录有多么重要。不仅出版报纸、教材、地图集、百科全书以及从事相关工作的出版商把地名录作为必需的基础资料，而且连城市图书馆、大学图书馆和新闻媒体也会有相同的观点。在最新数字化技术的帮助下，一个人可以在世界任何一个角落访问地名信息。无论最终产品是数字化的电子资料还是印刷出来的实体书，地名录都会被看作是地名信息的一种独特的来源。

注释

1. 约瑟夫 · T. 希普利（Joseph T. Shipley）：《字源词典》（*Dictionary of Word Origins*），纽约：哲学文库，1945，第 165 页。Gazetteer（地名录）一词源于意大利语词 gazetta，指喜鹊。意大利刚开始铸造硬币的时候，喜欢用鸟名给硬币命名。Gazetta 以前指小硬币。曾经，一枚 gazetta 可以在意大利买一份报纸。英语中的 gazette（公报，一种印刷文献）和 gazetteer（地名录，收录各种地名，本书中有详细介绍）就是由这个词演变而来。

2. 地名委员会的代表曾经和爱沙尼亚（Estonia）及乌克兰（Ukraine）的地名代表一起开会。这两个国家都在竭力解决本国的地名问题，希望地名委员会的经验可以帮助他们更好地解决这些问题。

第五部分

❖

冷战期间和冷战结束后的美国和国际地名工作进程

鉴于前面的章节已经充分论证了地名在个人、国家或国际交往方面的重要性，接下来的五个章节将谈一谈地名在其他事务的计划和实施过程中是如何发挥影响的，这些事务不仅包括联合国方案，还包括美国的外交政策、军事行动以及情报活动等。时间将跨越包括冷战在内的20世纪的后半段，并举例说明美国不同部门之间怎样通过协作而将美国利益最大化。书中还会谈到北大西洋公约组织（North Atlantic Treaty Organization）的作用。另外，尽管其他国家也有和美国相似的做法，但本书并未打算对其中的细节展开论述。

第十四章

冷战

冷战对联合国地名工作进程的影响

1955年，联合国开启了地名标准化工作进程。不久之后，冷战带来的影响初步显现。一些西方国家逐渐开始向联合国提供各自国家地名的详细信息，但苏联及其盟友却拒绝分享这些数据。他们将其视为涉密信息，甚至向他们自己的国民保密。这种只能单方面推行的政策有违联合国初衷，当初计划通过免费交换数据的方式来推动国际间地名标准化进程的设想难以实现。从20世纪70年代早期起，美国开始发布世界各国地名信息，希望通过这种做法来强调一个事实，即那些“铁幕”下的国家不会如美国这般慷慨。在1977年召开的第三届联合国地名标准化会议上，美国代表团在筹备展示其地名工作进展情况的汇报时，准备了每一个国家地名录的复印件。一些国家对美国公开散布这类文件十分不悦。美国没有理睬这一抗议，因为这个做法属于任何一个国家自己应有的权利，别国无权干涉。到了会议第二天，至少从表面上看，那些抱怨产生的实际影响是有些地名录不见了，直到美国代表团注意到这一点，并通知与会人员这些出版物将要公开展示后才又失而复得。

东西方之间的另一项分歧聚焦于采用何种罗马化转写系统，这个争论发生在1987年于蒙特利尔召开的联合国地名标准化会议上。当时，美国和英国坚持认为他们普遍采用的西里尔字母转写系统被大多数国家支持，同时和其他提案相比，还具有很多特别的优点。但苏联代表认为他们自己有一套很棒的西里尔字母转写系统，尽管事实上，这套系统对广泛推广罗马化应用一点帮助也没有，但苏联的盟友们坚决站在苏联这边。例如，古巴代表发言说他们准备支持这个系统，并宣称它完全兼容古巴本地语言的使用习惯。事实上，古巴没有生产过任何覆盖苏联范围的地图产品，因此也根本用不到罗马化转写系统，他们这么做只是为了表明他们的政治站位。

联合国的政策允许成员国参加地区性会议，不仅关于地名的问题，也包括准许讨论其他与冷战秩序有关的各种问题。因此，一般总会有一两个东欧社会主义国家参加拉美国家范围内召开的以地名为主题的联合国会议。虽然几个参会的东欧国家对推动拉丁美洲地名工作进程冷眼旁观，但它们希望借助会议加强社会主义阵营之间的联系，也希望将会议作为宣传介绍自身政治观点的平台。古巴作为拉美国家的一员，努力扮演了巩固社会主义成果的国家角色。

苏联地图上的错误地名

除了向它自己的军队和情报机关提供以外，苏联从不向任何机构或个人发布展示其领土详细情况的地图，即使对自己的国民也同样守口如瓶。不仅如此，为了迷惑任何潜在的恶意用户，有些发布出来的地图中会故意掺杂一些错误信息。有意思的是，爱沙尼亚苏维埃社会主义共和国的一家报纸在1970年2月的某一期中，提到苏维埃官方制图机构发布的一种1 ：600,000的地图被证明采用了这种迷惑人的招数。紧接着，美国军事工程师协会的杂志《军事工程师》宣称，那份报纸中提到的地图中涉及的地名，拼写和所在位置都存在错误。[1]

这份杂志进一步说到，一些年来，苏联地图集中的很多城市和重要设施的地理坐标有误。不仅如此，1984年的某一期《空军杂志》曾经刊登过，在20世纪60年代初，美国的U-2侦察机拍摄到一处苏联重要的导弹测试和发射基地，地点在美国情报机构称之为秋拉塔姆（Tyuratam）的地方。苏联方面拒绝承认这个地方的存在，并宣称和导弹有关的活动是在东北方向200千米的另外一个地方进行的。尽管秋拉塔姆这个名字是否存在值得怀疑，但毫无疑问，所有证据确凿无疑地显示了和导弹有关的活动就是在美国所称的这个地方进行的。[2]苏联拒绝承认它的存在，正是苏联采取了这一政策的结果，目的是隐藏重要的军事地点。

没过多久，苏联发布了一张供当地市民以及其他有需要人士使用的莫斯科城区旅游图，人们再次发现其中包含了诸多错误。为此，中央情报局专门为因公务在莫斯科出差的美国代表们制作了一幅莫斯科旅游图，该图以卫星图像为基础，并按照在地面上实际看到的样子做了进一步整饰。从这张图上可以清晰地看出，苏联的官方地图制作者们故意把一些街道、建筑物以及一条河流的位置搞错，还将一些地方的错误名称印到图上。中央情报局的地图由于准确性较高而逐渐在社会上流行起来，甚至得到了莫斯科当地市民们的青睐。可以确定的是，苏联在地图和地名方面的这些做法对联合国地名工作进程的发展产生了影响。

值得注意的一点是，在冷战期间，无论是来自哪个国家的代表，在联合国地名会议这个舞台上，大家齐聚一堂，自信满满地商谈地名业务。代表们身上呈现出一种不卑不亢的姿态，并展示出不凡的专业水平。不同国家的代表们虽然位列东西方两大阵营，但仍然会在很多议题上开展合作，即使偶尔也会由于政治取向的差异而令一些话题笼罩上一层阴云。与当时常常剑拔弩张的局势相比，当今世界的全球性合作氛围真是值得我们鼓掌称赞。不过，尽管现在形势较好，但也要清醒地认识到，由于国际社会的政治、文化形势无时无刻不在发生变化，谁也无法确保在未来能够完全彻底地实现国家与国际地名的标准化。

注释

1.《苏联地图弄虚作假》(“Soviet Cartographic Falsification”)，《军事工程师》(*Military Engineer*)，第410期，1970年11—12月，第62页。

2. 迪诺·布鲁焦尼 (Dino Brugioni)：《秋拉塔姆之谜》(“The Tyuratam Enigma”)，《空军杂志》(*Air Force Magazine*)，1984年3月。

第十五章

美国国务院

为了维护美国国家利益并将其最大化，美国国务院（Department of State, DOS）需要完成各种任务，虽然达成任务所需的条件五花八门，但很多任务的开展都要以准确的地名数据为基础。国务院的行政官员或一般职员常常要与派驻国外的美国机构的官员合作。他们要会见外交官、参加双边或国际会议、和国外的一些组织围绕共同的兴趣点，一起探究并针对某事制订实施方案。除此以外，他们还要和美国不同机构的人员商谈，如讨论涉及其他国家或与外交协议有关的事务。有些时候，上面提到的这些活动需要标有准确地名的地图或者在外国区域图像的辅助下才能顺利进行。

国务院是首批加入美国地名委员会的成员单位，并一直发挥着重要作用，特别是在外国地名工作方面，它一直尽职尽责。原地理学研究室（Office of the Geographer），也就是现在的全球问题和地理学研究室（Office of the Geographer and Global Issues, GGI），成立于1920年，当时世界涌现出一批新建立的国家，国务院认识到获取包括位置、国界线等在内的关于这些国家各方面信息的重要性。该部门的职责还包括搜集自第一次世界大战后新出现的地名。从那时候起，全球问题和地理学研究室的成员一直在地名委员会中担任要职。[1]

反过来，国务院也要依靠全球问题和地理学研究室向其下属的其他部门提供最新地名信息。这些名字有时候需要在官方报告中使用，有时候需要在一些紧急事件的发布会上使用，也有时候需要在其他涉及地图的演示文稿中使用。无论是在哪种场合，也不管是图形或是文本形式，离开了最新的地名，都无法实现有效交流。假若有其他国家代表参加的场合，一旦演示文稿中哪怕出现仅仅一个错误地名，也会导致十分严重的外交争端。如果恰好错误地名出现在与会代表所在的国家，那麻烦就更大了。另外，为国务院和其他机构参加各类国际会议而制作地图产品的美国国家影像制图局（National Imagery and Mapping Agency，NIMA）同样需要准确的地名信息。当制作这类地图时，美国国家影像制图局需要国务院对其产品中涉及的国家名称进行核准，如果缺少了这一环节，那么美国对外施展的最大影响力就要大打折扣了。[2]

全球问题和地理学研究室主要通过两种方式获取准确的地名信息。第一，该部门和国务院的其他各部门有时候会从驻外机构以及美国的其他机构获得官方形式的报告，有时候也从驻扎世界各国的同类机构那里得到包含地名的一些信息。上述内容被搜集到一起后，经处理形成内部记录。第二，国务院派出的代表会定期参加美国地名委员会下设的外国地名分会（Foreign Names Committee，FNC）召开的会议，会上散发经由外国地名分会职员整理的资料中也会包含外国地名信息。我们在前文中提到，国务院的一些成员单位要对主要地名（例如国家名称）的权威性负责，外国地名分会职员会对其进行核验，不出意外的话一般均会采纳。反之，如果他们发现其中存在某些问题，那么他们会对该问题展开研究，摆出事实供进一步审议，直到问题获得圆满解决为止。尽管国务院站在美国官方的立场上有权决定一个国家名称的合法性，但外国地名分会的报告和美国地名委员会发布的公告也是一个鉴别国家名称合法与否的有效手段。因为美国政府所有部门都要在与国外政府打交道时使用官方提供的准确地名，所以他们使用的名称实际上反映了美国地名委员会和美国国务院共同决策后的结果。

鉴于与其他国家构建外交关系时，相关政策的制定可能会涉及外国地名。因此，美国国务院经常与联合国美国代表团开会协商地名事务。在讨论新地名时，或者在处理两国或多国共有地名而产生争执时，国务院一些部门的代表会向美国的联合国代表提出建议，并告诉他们应该采取怎样的立场。

注释

1. 从1986年到1988年，美国国务院全球问题和地理学研究室的成员同时兼任地名委员会和外国地名分会的主席，其天赋和外交才能使其能够游刃有余地担负起这两个职位。

2. 第三章“地名对地图的重要意义”中，介绍了美国国家影像制图局负责地图制品的生产与制作。

第十六章

❖

美国情报机构

美国情报机构的任务是掌握世界动态，随时搜集并处理相关信息，以便制订最佳对策。为了履行好这项职责，情报机构需要准确的地名信息。这类机构中，首屈一指的便是中央情报局（Central Intelligence Agency，CIA）。它作为地名委员会的成员单位，广泛参与委员会活动并从中受益。同时，地名委员会有多位领导均出自中央情报局。中央情报局的一项重要职能是提供关于某一特定地区的政策建议报告，有时候为了更好地阐述某一地区的形势或为了描述某些现象的分布状况，也会随报告附上覆盖上述区域的地图。中央情报局或其他机构会对外发布官方简报，附带的地图上有时候也会标注背景地物（cartographic background）。这些简报一般情况下每日发布，如果遇到突发事件需要紧急响应时也会突然发布。因此，地图及相关文件的处理需要有关人员访问当前最新的数据，地名数据就是其中之一，而且为了保证地名的有效性，理论上这些地名数据必须一刻不停地进行汇总、分析、处理，实际上我们也确实是马不停蹄地这么做的。

简报中一般使用地名委员会批准采纳的地名。个别情况下，为了让听取简报的官员更容易识别某些地点，有时候也会使用惯用名或其他一些人们更加熟知的名称。

就像在第十三章“地名录”中所述，中央情报局会出版一份名为《国家情报调查报告》(*National Lntelligence Survey*）的文件，内容围绕各主权独立的国家展开。其中有一章是地名索引，列出了文件中出现过的所有地名及其地理坐标。

美国地名委员会外国地名分会（Foreign Names Committee，FNC）的议程是不保密的，实际上他们的很多工作与对外公开的一些文件密切相关。而且，鲜有分会职员拥有可以接触机密事项的审查许可资质。国家安全局（National Security Agency）、国防情报局（Defense Intelligence Agency）和其他部分美国机构对各类地名议题很感兴趣，他们有时候会作为观察员参会。曾经有一段时间，外国地名分会的执行秘书加上部分选定的分会职员，和那些情报机构的人员坐在一起，当面就是否需要对一些地名的俗称进行确定这一问题展开讨论。这个议题的产生有个背景：在加勒比海地区，经常有飞机和船舶参与毒品的非法交易。在需要登陆或在合适的地点卸货时，可以发现他们有时候和位于美国或其他地方的同伙进行联系。这些信息能够被截获，信息中偶尔会用一些绰号指代某个地方。现在的问题是，外国地名分会的人是否可以识别这些绰号并将其还原为正式的地名，或者弄清楚这些绰号所指代的具体位置。如果能够做到这些，隐匿的地点就会显露出来，中断这些不法行为的行动就可以实施。但是很不幸的是，分会的人员对这种信息束手无策，所以无法继续展开追查。无论如何，如果不掌握准确的地名信息，就无法准确定位，监控毒品交易也就成为一句空话。

无论是内部交流，还是向其他机构提交报告，很多前文未提及名称的情报机构在这些具体工作中也都要用到准确的地名。1996年，国防制图局（凯尔茜·哈德）与部分情报机构的各式各样的部门合并，组建成立了美国国家影像制图局（National Imagery and Mapping Agency，NIMA）。新机构的成立意味着，以前需要不同的情报局共同协作完成的地名工作任务，现在变成了美国国家影像制图局内部的沟通合作。同时，还可以很明显地看出，中央情报局在委员会中的身份，决定了它将继续作为情报界共同利益的代表。

中央情报局出版了多种文件，在市面上都可以买到，《世界概况》(*The World Factbook*) 就是这些很有价值的读物中的一种，它一年出版一期，内容包括每一个国家的政治、经济、文化的方方面面。书中还附带世界主要国家和地区的地图、一份书中出现的所有地名的清单、一大堆详细解释各个国际组织的表格、每个国家的数字代码以及书中涉及的各类相关数据。

第十七章

北大西洋公约组织

第二次世界大战结束后不久，美国和一些西方国家认识到：苏联和它的盟友们设定的政治与军事目标，使西方国家甚至包括其他一些国家的和平与安宁受到挑战。这一新的形势演变为众所周知的冷战。为了应对这一局面，美国、加拿大、英国、法国和部分西方国家在1949年组织建立了北大西洋公约组织（North Atlantic Treaty Organization，NATO），目标是促进共同防御、加强经济合作。随着时间的推移，北大西洋公约组织的职能不断拓展，成员国范围也不断扩大。

在制订陆海空军事行动的计划时，标准化的军事活动流程不可或缺，在制定流程并将其应用于具体实践的过程中，催生出一项关于地名的协议——《标准化协议3689：地图和海图中的地名拼写》[*Standardization Agreement (STANAG) 3689: Place Name Spelling on Mapping and Charts*]，该协议的主要目的是确保北约成员国制作的地图或海图上的地名是标准和一致的。而且，该协议与大部分西方国家早已经知道的一个原则是相通的，即在联合军事行动中，来自不同国家的作战单位，在使用各自携带的地图或海图上的地名时，只能使用那些各国称谓一致的名称，其余的应避免使用。缺少了这个标准，即使最简单的军事活动也可能会遭遇障碍。北约的地图覆盖了广阔的领土，各成员国使用的语言和书写系统也不尽相同。3689号协议的一个重要目标，是帮助使用非罗马字母的国家建立一套罗马化系统。大部分被批准的系统方案都受到了美国地名委员会和英国的同类机构——地名常设委员会（Permanent Committee on Geographical names，PCGN）两家的支持，这一点也反映了美国在制图和命名流程方面所居的领导地位。已经完成的罗马化系统转写表包括下列语言：阿拉伯语、亚美尼亚语、阿塞拜疆语、白俄罗斯语、保加利亚语、格鲁吉亚语、希伯来语、哈萨克语、吉尔吉斯语、马其顿语、波斯语、俄语、塞尔维亚–克罗地亚语、塔吉克语、土库曼语、乌克兰语以及乌兹别克语。协议还包括阿拉伯语转写表（在埃及使用，它是一种由埃及创建的转写系统）和一种在黎巴嫩使用的阿拉伯语转写表（法国创建的转写系统），还有希腊语音译表（由希腊开发的一套系统）。STANAG协议在修订时，批准采用在标准名称基础上略微产生了一点变化的其他名称。同时，它也允许在制图时，通过在圆括号内括注其他不同名称的方式来满足当地的拼写习惯。

20世纪80年代末期，联合国的一些成员国掀起一场运动，呼吁各个国家采用其他的罗马化系统代替正在使用的系统，并且呼声越来越高。他们所倡议的系统，与美国地名委员会或英国地名常设委员会惯常使用的系统大相径庭，而后者，早已成为英语世界的共识。在1987年召开第五届联合国地名标准化会议之前，美国就已经认识到3689号协议中规定的罗马化转写系统可能要面临被一些北约成员国抛弃的命运，因为这些国家倾向于优先考虑使用与传统方式不同的本地系统。这种做法会导致一个后果，那就是北约制作的出版物中包含的一系列地名可能与其部分成员国官方制作的出版物内的地名之间产生矛盾。尽管北约各国代表重申他们支持3689号协议的立场，而且美国也在私底下与各国代表通气，请他们回国以后，劝说参加联合国会议的本国代表团，不要在联合国会议上支持任何新的或与目前不同的罗马化系统的决议案。尽管设想是很美好的，一个国家对外应该仅有一种声音，但实际上北约成员国那些参加联合国会议的代表中，还是有一些人支持了新的罗马化系统。这种状况凸显了联合国在地名有关流程的制订中，呈现出来的一种内在的不协调：与会代表可以挣脱国家政策的束缚而独立行事。

冷战时代的结束，不仅使一大批新的国家相继诞生，而且打开了新的工作局面，指明了更加积极的工作方向。现在，美国与波罗的海诸国、波兰、俄罗斯、乌克兰和其他新的国家保持紧密而愉快的工作关系。

国际环境发生显著改变，当初导致北约建立的背景已不复存在，但北约作为一个组织，继续履行着其加强各国间安全防御与经济合作的职责。截至1998年，最初的12个成员国已扩展为16个，1999年又有捷克共和国、匈牙利和波兰被批准加入。

另外，北约发布了一份关于地名录的文件：《标准化协议2213：地名录》［*Standardization Agreement* (*STANAG*) *2213*：*Gazetteers*］。这份文件中规定，北约成员国应以本国出版的地名录为依据。在做好沟通协调的前提下，也可以使用其他地区的地名录。一般来说，使用的地名应该是那些得到北约认可的地图或海图上的名字。其他的名字也可以用，但必须要在原始地图资料上做同步更新，或者只有将其他名称提出来并获正式认可后才行。这个规范与美国国家影像制图局以及其前身国防制图局（Defense Mapping Agency）的规定一脉相承，相应地，也同样满足美国地名委员会和英国地名常设委员会的标准。由于在地名认定及词典编纂等相关职责上，各个国家的发言权越来越大，以前由北约成员国共同构建的关于地名的那一套东西很可能面临修改。然而，随着美国越来越深入地参与国际地名事务，新出版的地名录或多或少还会烙上一些美国地名委员会的痕迹。

第十八章

❖

冷战之后

冷战的结束，给整个世界带来了一系列广泛而令人瞩目的实实在在的变化。首当其冲的改变，则是苏联和他的盟国们再也无法从军事上和经济上对西方世界构成冲击。参与华沙条约的欧洲各国在1991年解散了这个组织。

在地名工作领域，以前相互敌视的国家之间，因为政府间新的关系建立而迅速走到一起。在1992年第六届联合国地名标准化会议上首次看见俄罗斯、乌克兰、白俄罗斯以及曾属于苏联加盟共和国、但现在已经是独立国家的代表们。他们虽然代表了各自的国家，但有时候还是不免习惯性地站在原先的角度看问题，特别是在他们刚刚开始参加联合国会议的初始阶段。

乌克兰和爱沙尼亚的参会人员与美国的与会代表在联合国开会期间发展起来的关系被证明是经得起时间考验的。1997年，美国地名委员会外国地名分会的执行秘书和该分会一名很有学问的语言学家受乌克兰邀请，来参加他们开设的关于地名标准化的课程。这个活动给了乌克兰地名专家一个启示，那就是美国地名委员会在地名工作中总结的各种方法不仅适用于美国自己的地名工作，同样也适用于其他国家的地名工作。这次活动还额外讨论了地名的数字化处理与罗马化等主题。保持这种紧密的工作关系对两国都有益处。

爱沙尼亚的与会代表展现出强大的工作能力，很快他就成为美国紧密的合作者。在他的领导下，加上长期与美国地名委员会工作人员的通信联络，爱沙尼亚组建起地名机构，令人为之侧目。这不仅使爱沙尼亚受益，而且惠及了周边以及更多的国家。

随着与苏联紧张的政治关系的解除，美国期望与曾经为共产主义国家、现在重新独立的那些国家开展合作。国际交流进入新阶段的同时，也给美国地名工作带来了新的挑战。一大批涌现出来的非罗马字母国家，要为发展他们自己的罗马化转写系统而斗争，并借以取代目前国际上使用的系统。而美国也将试着说服这些国家，请他们尽量应用美国地名委员会和它的英国伙伴——英国地名常设委员会已经研制完成的系统，或者退而求其次，重新开发并应用以英美系统为模板的相似系统。无论事态如何发展，可以确定的是，美国将会团结这些国家的地名机构，并提供他们多年来梦寐以求却获取困难的地名数据。通过这种做法，美国地名委员会将会建立起一种互惠互利的合作关系，而这种关系也并非首次出现，它是美国地名委员会和加拿大、英国以及其他国家的地名机构建立起来的关系的翻版。

第六部分

❖

有趣及不寻常地名

一个名字吸引公众的注意力可能有多种原因。一方面，这些名字可能是政治纠纷的主题；另一方面，有的名字在某类人群和文化中生长，但却顶着被改变或被否认的压力，一点儿风吹草动都可能挑起地区或国际争端。另外，还有的名字可能是因为幽默而出名，它们与某些有趣的元素联系在一起，或者可能是因为各种原因而让人感觉无法接受。本书最后两章是几段篇幅不算长的地名综述，其中涉及的地名都具有上述特点。

第十九章

❖

存在争议的地名

地名中出现争议的原因多种多样，既可以小到让人难以察觉，又可以大到在国际间引起轩然大波。每当有关部门试图为一个拥有两个或更多名字的地理实体选择唯一的标准名称时，经常会出现一些本地居民为他们厌恶的选项产生争执的情况。当一个对本地拥有行政管辖权的国家给地名更名时，那些认为承载在消失地名中的文化可能被湮没的人们也可能会对新地名产生不满，他们在情况允许下会继续沿用之前的地名。长时间使用的地名也可能会引起争议，部分人可能会认为这些名字带有文化侵略性，并且寻找合适的替代者。时至今日，因为关于争议地名的宣传愈加广泛，它们带来的问题可能会比历史上任何时期都显得更加突出，但无论是局部地区还是遍及全球，它们都是地名领域永不消逝的话题。

部分美国地名争议

阿拉斯加的麦金利山（Mount McKinley）或迪纳利山（Denali）

1896年，前往阿拉斯加探险的一位勘探者以俄亥俄州的威廉·麦金利(William McKinley)的名字命名了一座高山，而这位叫作麦金利的人曾担任过一届美国总统。[1] 命名之初，社会上曾有反对和质疑的声浪，但在1901年麦金利总统被刺杀后有所减弱。然而，相当数量的人认为这座山应被叫作迪纳利，这是当地阿萨巴斯卡人的印第安语名字，意为“大山”。多年以来，要求采纳这个名字的呼声不绝于耳。就像类似的更名请求一样，这场争论涉及诸多因素。“麦金利山”这个名字由于早已被贴上北美最高山峰的标签而举世闻名，即使美国的小学生都耳熟能详。摆在眼前的事实提醒人们，任何改变都会和人们的传统认识背道而驰。另外，尽管许多阿拉斯加人接受迪纳利这个名字，但也不能对反对理由置若罔闻。由于阿萨巴斯卡人没有书面文字，因此找不到迪纳利曾被使用过的官方记载。更重要的是，“迪纳利”这个词可以被住在其他许多地方的阿萨巴斯卡人用来称呼所有的大型山脉。尽管如此，在1975年，阿拉斯加州还是向美国地名委员会提出了更名的官方申请。这个问题也因此得到了全社会广泛关注。1977年，美国国会介入此案，这迫使地名委员会停止了进一步的参与。支持“麦金利山”的其中一员是俄亥俄州第十二国会区的众议员拉尔夫·瑞古拉，而麦金利在参加总统竞选之前恰好是这个选区的代表。他要求保留这个地名的政治意味及历史含义是显而易见的。随后，国会制订了一个暂时的折中方案：山峰的名字将仍为“麦金利山”，同时山峰下方将会划定一片区域，作为“迪纳利国家公园”。在阿拉斯加，迪纳利经常被用于山名。(事实上，在2015年，为突显原住民文化意涵，麦金利山正式更名为迪纳利山。——译者)

华盛顿州的雷尼尔山（Mount Rainier）或塔科马（Tacoma）

在18世纪晚期，英国海军的乔治·温哥华上尉探索了北美洲西海岸的部分地区，并给许多地理实体命名。他看到位于今日华盛顿的一座高耸的山，于是为了纪念他的同僚——英国海军上将彼得·雷尼尔的功绩，就将这座山命名为“雷尼尔山”。大约一个世纪后，一位土地开发商开始在一个叫作“塔科马”的城镇工作，据说这个居民点的名称源自附近的一座以当地印第安语命名的山。塔科马土地公司和太平洋北部铁路公司（位于塔科马）公布的地图中使用了塔科马这个山名，以便通过扩大宣传的方式更好地谋取他们的商业利益。但西雅图（Seattle）的城镇对于塔科马带来的竞争产生不满，他们继续使用早前的名字。当太平洋北部铁路公司后来将总部迁到西雅图时，支持“塔科马”地名的声音有所降低。然而，争论仍在继续。在20世纪的前20多年，国会再次审议了这个案子，但直到1924年都没有取得新的进展，“雷尼尔山”这一地名存留下来。尽管现在这个问题看上去已经解决了，但当地人试图更名的努力仍在继续。[2]

佛罗里达州（Florida）的卡纳维拉尔角（Cape Canaveral）或肯尼迪角（Cape Kennedy）

1963年，总统约翰·F.肯尼迪被暗杀导致了另一个地名的变更。总统去世后，国民的悲伤情绪促使政府向地名委员会提出将卡纳维拉尔角更名为肯尼迪角的请求。许多人认为，这位前总统对美国太空活动的支持行为主要集中于卡纳维拉尔角，这么做是为了向这位前总统致敬。地名委员会批准了此次更名。然而，随着时间的推移，反对声浪出现了。其中主要的不满集中在当初改名时，未征求佛罗里达州（state of Florida）的意见。此外，还有全国各地数不清的评论对这一举动提出质疑。值得注意的是，地名“卡纳维拉尔角”被认定为佛罗里达州东海岸的低地（lowland），是美国记录在案的最早地名之一，因此理应被保留下来。这个问题再次被摆在委员会面前，1973年10月，它将地理实体恢复为原来的名称。但是相应地，位于那片地区的空间基地被命名为“肯尼迪航天中心”。

得克萨斯州（Texas）的多尔蒂（Daugherty or Dougherty）

有关地名的争论可以仅因为一个字母而出现。1984年，地名委员会收到了一位来自得克萨斯州的女士的来信。信中说她反对委员会在三年前所做的一个决定，并认为她所在城镇的名字“多尔蒂”的拼法应为Daugherty而不是Dougherty。三年前，得克萨斯州参考了该城镇一些公民的意见，民意显示很多人支持地名Dougherty，最终才有了这个决定的出台。虽然它给这位女士带来了困扰，因为她的姓氏是Daugherty，而且其祖辈对于城镇发展建设做出了重大贡献，但是不管怎样，委员会对州的决议还是非常满意的，这位女士的异议也就只能石沉大海了。[3]

世界其他地区存在争议的地名

在1995年和1996年，“马其顿”（Macedonia）这个名字经常出现在新闻标题中。这是一个新国家——“马其顿共和国”的简称，它曾是前南斯拉夫马其顿共和国的一部分。当提出“马其顿共和国”这个名字时，希腊立刻提出抗议，理由是自己的历史和文化都根植于“马其顿”这个名字。它的立场是，尽管这个名字可以被分配给一个国家下的共和政体（就如它是南斯拉夫下的共和国的情况），但它不能被用在一个新的独立国家的名称中。希腊通过外交途径正式提出了反对意见，同时中止了与该实体的日常贸易等关系，甚至威胁说，如果该名称被通过将会采取军事行动。目前，部分国家承认“马其顿共和国”这个国名，但出于对希腊的尊重，美国称其为“前南斯拉夫马其顿共和国”。[4] 在1998年召开的第七届联合国地名标准化会议上，希腊对各国提交的一系列报告提出异议，其中就包含一个美国递交的报告，而该报告中提及了“马其顿共和国”。[5]

“日本海”（Sea of Japan）、“东海”（East Sea）、“朝鲜海”（Sea of Korea）还是“东海/日本海”（East Sea / Sea of Japan）

于1998年召开的第七届联合国地名标准化会议上，人们听闻了一个关于水体名称的争论，引发了广泛关注。日本、朝鲜和韩国的代表们提交了关于日本西海岸和朝鲜半岛东海岸之间水体名称的文章。朝鲜与韩国对已被广泛使用的“日本海”（Sea of Japan）这一名称表示反对。这些国家的代表提供了关于此名称的历史证据，证明它是在21世纪初叶和日本发生军事冲突后才在日方的推动下发展起来的。他们指出和朝韩有关的地名具有更长的使用历史，提议使用“东海”(East Sea) 或是“朝鲜海”(Sea of Korea)。作为折中，他们也可以接受一个联合名称：东海/日本海 (East Sea/Sea of Japan)。日本代表则分发了相关材料，展示“日本海”这一地名是如何被广泛接受并使用的。在2000年7月召开的第十二届联合国地名专家组会议上，韩国要求对这一情况进行深入研究，一如既往地，他们也愿意接受“东海/日本海”的结论。在这一案例中，日本没有发表意见，而朝鲜民主主义人民共和国则未出席会议。就像1992年联合国大会上对于其他争议地名的讨论一样，大会主席指出该机构并不能对争议地名做出定论。部分代表说，也许唯一能对此提出观点的是国际海道测量组织 (IHO)，它制定过海道制图标准，还出版过一本叫作《海与洋》(*Oceans and Seas*)的书籍。然而，书中的地名都是从那些不存在争议的地名中选取出来的，因为国际海道测量组织没有权力解决国际地名争端。韩国代表参加了2000年4月在华盛顿召开的美国地名委员会会议，并提出双重地名的立场。美国地名委员会的地图可以在正式名称后面添加第二个名称或别名。部分美国地名委员会机构现在可以应用“东海/日本海”的地名了。

以色列（Israel）和中东国家的国名

尽管约旦和以色列现在达成了和平协议，但数年前他们还就两国历史上共同的地名问题吵得不可开交。在1992年举行的第六届联合国地名标准化会议上，以色列抗议约旦不尊重约旦各地的古代希伯来地名，约旦反驳说这些地名是来源于阿拉伯语。此外，在本次会议上提交的一份工作文件中，约旦提出了一项建议，称“有必要使联合国和联合国教科文组织意识到，以色列当局在它们占领的领土上，试图抹消和废除现有的阿拉伯语地名，并在巴勒斯坦被占据的领土上代之以希伯来语地名”。[6] 由于联合国政策不允许会议涉及地名争议，因此只能将他们各自的观点作为事项记录在案。

1998年召开的第七届联合国地名标准化会议中，以色列分发的一份文件中也出现了类似情况。该文件呼吁，各国要在外来语地名方面采取一些措施，以便帮助不同语言国家的人更好地使用它们。[7] 这也是“为应对国际需要，各国应提供外来语地名”倡议的一部分，旨在减少国际间交流时产生的混乱。这份文件中提供了27个地名，其中包括了使用如下拼写形式的几个地名：死海 (Dead Sea)、耶路撒冷 (Jerusalem)和约旦河 (Jordan River)，以及这些名称的希伯来语形式和希伯来语的罗马化转写形式。来自伊朗和摩洛哥的代表们强烈反对这一名单，他们指出，既然名单中绝大多数名字都有相应的阿拉伯语拼写形式，那为什么不一并印刷在文件上呢？阿拉伯语拼写在这些国际资料上也应具有同等分量。以色列代表认同他们的观点，认为阿拉伯语名称确实应当被印在文件中。基于这一立场，代表们（仍旧是同一拨人）在第二十届联合国地名专家组会议上要求以色列及周边国家用希伯来语、阿拉伯语和英语[8]三种语言书写高速公路的路标，这些标志除了指示方向，也标记与重要地区之间的距离。这种多语言的名称既能够满足以色列使用希伯来语地名的需求，也能够安抚认为许多地方应当使用阿拉伯语地名的阿拉伯国家，同时还能够让说英语的、但却不会讲希伯来语和阿拉伯语的游客轻易地适应。

“西岸”（West Bank）还是“犹地亚和撒马利亚”（Judea and Samaria）

大约12年前，一位美国公民要求美国地名委员会将地名“西岸”改成“犹地亚和撒马利亚”，用以指代同一区域。他指出，自己推荐的名字来源于圣经，并指出引用的具体位置，同时他还说该建议已经获得了以色列官员的支持。因为这个问题属于国务院的管辖范围内，地名委员会没有对其进行研究，也没有采取任何行动。地名委员会的记录显示，早在1967年，地名“西岸”已经被大量出版物和组织使用，并已作为一种可参照的标准名称被应用。美国地名委员会外国地名分会在1971年批准该名称作为“地区”(region) 名，1986年又批准其作为“领土”(territory) 名。

塞浦路斯（Cyprus）

在塞浦路斯，地名争端涉及两个不同民族的利益——即希族塞人和土族塞人。1974年，涉及这些因素的冲突致使土耳其采取行动，占领了岛屿北部大约三分之一的面积，其结果导致土族塞人实际控制了这片区域。另一方面，希族塞人治理着这座岛屿上唯一一个国际公认的政府——塞浦路斯共和国。1983年，土耳其宣布“北塞浦路斯土耳其共和国”独立，但其仅被土耳其承认。这些行为对地名的影响是显著的。两个团体都声称对方试图改变他们领土上的地名形式，从而对各自的文化遗产造成了破坏。双方正在继续努力解决它们之间产生的分歧。

美国和加拿大的跨界地理实体地名

美国和加拿大并没有卷入与上述类似的、带有政治色彩的地名争端，但它们意识到在它们的边境上，有一些跨界地理实体使用了不同的地名。相关国家机构尝试通过召开会议的方式将类似地理实体的名称予以统一，以消除可能出现的混乱。使用哪一方的名称进行统一，要看该地理实体主要坐落在哪一个国家境内或者看其名称在哪个国家使用较多。被列作评判依据的因素有地理实体的长度和大小在各自区域所占比例，地理实体流域面积的对比，地名使用的时长，地理实体的海拔高度，以及它们的名字可能在派生周边其他地理实体的名称方面所起到的作用等。尽管这些措施在解决一地多名问题上让人们看到了曙光，并取得一定程度的进展，但尚无地名真正因此而更改。其主要困难在于，两国在量化地理实体长度、大小等指标占总体百分比上无法达成一致意见。这种一地多名现象并非美国和加拿大所独有，世界各地涉及跨国界的地理实体普遍存在这一问题。

注释

1. 关于麦金利山 (Mount McKinley) 和雷尼尔山 (Mount Rainier) 的信息，部分是基于唐纳德·奥斯所写的一篇文章《关于雷尼尔山的命名和其他美国地名委员会相关的国内地名活动故事》。这篇文章出现在1984年12月，梅雷迪思·F.伯里尔的纪念文集中。奥斯先生是美国地名委员会国内地名分会的前执行秘书。

2. 奇怪的是，位于华盛顿特区东北部边界的两个郊区被命名为塔科马公园 (Takoma Park) 和芒特雷尼尔 (Mount Rainier)。1883年，一名开发商在铁路线周围购买了大约100英亩的土地，并将其命名为塔科马 (Takoma)，这与印地语的“塔科马”(tacoma) 有关，据说这词指“高的”，但使用了字母k替代字母c，用来和华盛顿州的居民点塔科马 (Tacoma) 加以区别。开发商之后在这一地名中加上了“公园”(park)。数年之前，来自华盛顿州西雅图的陆军工程师调查了大约100英亩大小的土地，并预测这块地方将作为居住区重要的房地产供给市场，为它起名为芒特雷尼尔，以此来纪念西雅图附近的山脉，他们认为这样的名字可能会更吸引购房者。

3. 地名委员会听取反对者的意见一事并不罕见。然而，除了少数情况外，委员会通常支持当局的决定。

4. 美国通过北约与希腊建立的关系和大量美国公民的观点影响了这一决定。

5. 在1998年举行的第七届联合国地名标准化会议上，一个委员会提交的关于国名的文件中提到了“马其顿斯拉夫”(Macedonian Cyrillic)，该文件涉及一个适用于前南斯拉夫马其顿共和国语言的罗马化系统。希腊流传着这样的评论：既然关于前南斯拉夫最终名称的谈判仍在进行中，那么在任何情况下使用马其顿这个名字都是不恰当的。然而，被引用的参考资料并不是联合国正式出版物，而是一份美国出版物，举例说明了美国地名委员会和英国地名常设委员会的罗马化系统，同时提及“马其顿的罗马化系统”，使用马其顿这个词并不意味着美国同意它作为国名，也并不意味着其有效性在前南斯拉夫官方使用语言系统中的减少。

6. 引自1992年8月约旦提交给第六届联合国地名标准化会议中的一号工作报告，该会议召开于纽约，1992年8月25日至9月3日。

7. “以色列历史地理实体中被接受的外来语地名”，E/Conf.91/L.10，1997年11

月7日，第十一章，“地名术语”中给出了“外来语地名”一词的定义。同一章内容中也阐述了联合国的术语和被引用的文件在这个词汇上有不同的定义。

8. 此信息来自以色列的代表团成员，纳夫塔利·卡德蒙 (Naftali Kadmon)。很普遍的一种做法是，在地名很大程度上来源于说英语的人的习惯时，使用“英语”来书写地名并以罗马字母表印刷。有证据表明，在那些使用非罗马字母语言的国家发行的国际旅游手册和相关出版物中，除了那些本来就说英语的国家外，很多都会依据英语来拼写地名。因此，英语对旅游业的价值是显而易见的。

第二十章

不寻常和难以接受的地名

人们容易被一些奇特、滑稽、有趣或听起来难以接受的地名所吸引。美国就有许多这样的名字，就如同我们从扫描地图页上看到的情况那样，这些名字可以按照类别分组。一类源于圣经，包含许多用伯利恒（Bethlehem）、拿撒勒（Nazareth）、宰恩（Zion）命名的地名。另一类包括以"ville"结尾的地名，或阴性或阳性。其他类别还有长地名和短地名等。一些地名的起源表明，给一个地理实体命名的时候，除了为区分其他地理实体而冠以名称以外，由于人们思想各异，千奇百怪的命名理由有时会给地名增添一种幽默或不寻常的特质。另外，一些地名在传播过程中可能由于拼写错误而使含义发生变化，或者一些平淡无奇的地名能够在后续的研究过程中揭示出难以预料的背景信息。今天，越来越多的人开始关注那些令人难以接受的名字。有许多出版物涉及这些类型的名称。[1]本章从这几个类别中挑选了一些地名进行介绍。

长地名

一段时间以来，威尔士的一个镇名被认为是全世界最长的地名，它叫作Llanfairpwllgwyngllgogerychwynnirobwllllandysiliogogogoch，意思是"急速涡流边的大量白色榛树旁的圣玛丽教堂，它在位于圣蒂西里奥教堂的红色洞穴中"。它的简称为"兰韦尔"(Llanfair)。另一个长地名是位于马萨诸塞州（Massachusett）的一个湖泊：Chargoggagoggmanchagogchaubungagungamog。当地印第安人给它如此命名，据说意为"你在那边钓鱼，我就在这边钓鱼，我们都可以在中间钓鱼"。其简称是"Chaubungagungamog"湖，惯用名为韦伯斯特湖（Lake Webster）。新西兰的一座山名已经被公开宣传为最长地名：

Tuamatawhataktankihangakoauauotamateaturipukakapikimaungahoronukuokai-whenuakitanatahu

它意为“有一个地方——一位叫作Tamateakokai-whenua的人，有一双巨大的膝盖，被称作‘吞土者’，他在登山中滑落后继续攀登，并最终吃下整座山脉——他在那里为他的爱人演奏长笛”。一位当地专家评论说这个标准名称写错了，比实际字数短，但另一位专家声称就是这样写的，没有错误。[2] 虽然这些地名都很有趣，但由于太长而不能出现在任何大型地图上，或者可以用别名、惯用名或是简称形式代替。不过这些地名可以被全拼在当地的旅游标志或明信片上。长地名似乎常出现于书面语缺失的文化当中，第一章“什么是地名？”中也讨论了相似的命名习俗。

短地名

瞥一眼地图集或地名录中的名字就能发现短地名。这种地名通常是在规模较大的详细地图上出现的名字，指示小型地理实体。其他的地图可能省略了这个量级的地理实体，因此也省略了这些地名。关于短地名有许多实例，在瑞士，阿河（Aa River）很有名，因为它的名字只有两个字母。在德国西北部的阿豪斯（Ahaus）附近，以靠近一座桥作为标志物的小河，它的名字只有一个字母：“A”。

带有常见词尾的地名

文化因素可能会影响地名的词尾。在美国，许多以“ville”结尾的地名透视出人们普遍的一种心理，即将法语形容“城镇”(town）的单词加在地名之后，将使其显得更为高雅。在美国，有7865个地名带有这个元素，宾夕法尼亚州（Pennsylvania）就有980个，纽约州（New York）有625个，新泽西州（New Jersey）有424个，印第安纳州（Indiana)、肯塔基州（Kentucky）和弗吉尼亚州（Virginia）各有超过300个。[3] “boro”在美国也很常见，因为它与英语形容定居点的词汇相关，即“borough”(自治市镇、行政区)，命名者过去在命名地名时认为这个词尾较为实用。在一些地区，词尾“Burg”在地名中非常常见，因为一些为社区命名的德裔人士认为使用这个词很合适，它在德语中指的是人口稠密的地方。在其他地区，“Burg”可能是“Burgh”的缩写，这个词在苏格兰地名中出现过。[4]

由来不同寻常的地名

有些地名可以说明它们起源时的有趣情境。当铁路是短途旅行的主要方式之时，火车会定期停靠在可以让其引擎加煤与水的车站。在加利福尼亚（California)，一条铁路用字母来命名它的加煤车站，如A、B、C等，最终加煤的火车站A（Coaling

Station A）成为一个永久定居点，它的名字就变成“科灵加”(Coalinga)，这个城镇现在依然存在。

西弗吉尼亚（West Virginia）的一个地方被命名为“平奇”(Pinch)。它最初的名字叫“Pinchgut”，是一个世纪前的伐木工人为它命名的，他们的微薄收入让他们处在饥寒交迫的困境中，这种窘境让他们勒紧裤腰带，挤压（Pinching）他们的内脏(guts)。

2000年4月，地名委员会报告了俄勒冈州（Oregon）关于重命名一个社区的提案，这是一家互联网公司为获得公众关注做出的提议。当前的地名是哈夫韦（Halfway），被提出的新地名是Half.com。目前，该提议还没有得到官方批准。

一个加拿大地名惠斯勒（Whistler）有着有趣的由来，它是不列颠哥伦比亚省(British Columbia）的度假小镇，附近的土拨鼠因叫声尖锐有个别称叫作“吹哨者”(Whistler，音译即为惠斯勒)。似乎将其应用于社区名是再合适不过了。

对动物友好型地名的需求

1996年9月，美国的一个电台报道中称善待动物组织（PETA，People for the Ethical Treatment of Animals）要求纽约州的菲什基尔（Fishkill，即杀鱼）市市长将市名改为菲什萨韦（Fishsave，即救鱼)。这一行动能表明善待动物组织的立场，即捕杀鱼类是不道德的。市长回应善待动物组织，“kill”一词起源于早期荷兰定居者，他们用这个词汇来辨认河流或小溪。因此这个请求被驳回了。

美国一共有多少个大湖（Great Lakes）?

美国的安大略湖（Lake Ontario)、伊利湖（Lake Erie)、休伦湖（Lake Huron)、密歇根湖(Lake Michigan)和苏必利尔湖(Lake Superior)(这些湖泊局部与加拿大接壤)被统称为“五大湖”，这是被广泛应用的区域性名称。早在1998年，美国国会通过了一项法案，将佛蒙特州（Vermont）的尚普兰湖（Lake Champlain）列为第六大湖。该法案的发起人是来自该州的议员，他提出的理由是这个湖与其他五大湖在同一地域，且生态环境相似。另一个重要因素是，凡是那些临近五大湖或是公海的州，都有资格获得政府对海洋研究的支持，因此佛蒙特也能从中受益。这个提案迅速引起热议，新闻媒体报道了这一事件，并指出国会上下质疑声甚嚣尘上，就连私人地图公司也不愿遵从。尽管美国地名委员会是国家批准在官方地图上公布地名的权威机构，但国会确实有权在不听取委员会意见的前提下命名地理实体。由于公众舆论对这一建议表示出压倒性的反对意见，这个提案被取消了。

美国的常见地名

一本美国地名委员会出版的地名录中指出，林肯 (Lincoln) 和华盛顿 (Washington) 是美国最常见的两个地名。[5] 很明显，它们是以人名命名的地名，就像很多其他名字一样，它们是移民在寻找命名地名的合适名称时被选中的。这类地名一半以上是县名，其余的则用于县首府、城镇名、湖泊名和其他地理实体名称。数百个地名在字面上带有形容词，类似“big”(大)、“long”(长) 或“new”(新)。例如，超过600个地理实体在它们的地名词首带有“big”。仅在同一种地理实体——“湖”(lake) 中，就有8个命名为“Big Lake”(比格湖/比格莱克)，包括水体本身和居民点。

美国最短的河流

1988年，蒙大拿 (Montana) 一所小学的学生要求地名委员会批准他们所称的仅有201英尺长的最短河流的名字——罗河 (Roe River)。地名委员会在同年承认了这个名字。但不久之后，一位来自俄勒冈州 (Oregon) 的专家指出，在他所在的州有一条叫作“D”的河流只有120英尺长，但没有得到正式认可。这些小尺寸的地理实体并没有规范化的通名。在1999年1月地名委员会的一次会议上，国内地名分会在报告中指出，时下有许多州的公立学校在举办竞赛，为发现并命名最短的河流而一较高低。

名叫莱克乌比冈（Lake Wobegon）的城镇在哪里？

大众对明尼苏达州 (Minnesota) 的一个叫作莱克乌比冈 (Lake Wobegon) 的小镇特别关注，此地在加里森·凯勒所讲述的流行故事中扮演了重要角色。在他的《莱克乌比冈的日子》(*Lake Wobegon Days*) [6] 一书中，引用了一份来自官方出版物的报道，描述了小镇莱克乌比冈，以及与其相邻的由莱克乌比冈河孕育的同名湖泊。根据这本书的说法，词语“乌比冈”显然与一个印度短语的发音有关，意为“我们就在此地”或“我们在雨中坐了一整天只为等你”。书中的文字充满了真实的历史气息。例如，提到一位意大利探险家曾认为这条河流是密西西比河 (Mississippi) 的真正源头，但很快又否定了这个结论。凯勒表面上引用了当地居民的话：“是什么让如此多的人看着我们然后思考：难道不是从这里开始的吗？”他的书和广播节目经常把城镇和周边居民描绘成某种程度上不通人情世故的美国人。这个名字本身似乎和另一个词有关：“愁眉苦脸的”(woebegone)。

然而，根据明尼苏达州官方说法，根本没有任何城镇或湖泊的名字叫作莱克乌比冈，不只现在，以前也从未有过。[7] 20世纪80年代，由于这个名字开始热起来，所以在明尼苏达州的一个无名湖申请这个名字时被驳回了，因为官方认为这个地名是有版权的。这里之后得名为卡瓦诺湖（Lake Cavanaugh）。然而，确实有一个沃比冈湖（Wabegon Lake），其名称在1941年由明尼苏达州政府批准后被地名委员会采纳。尽管在凯勒的想象中，小镇周围的生活显得如此真实，但小镇仍旧是杜撰出来的。很显然，他对明尼苏达州的情况十分熟悉，知道这个名字并将其中的一个版本放到自己虚构的故事中。1996年，地名委员会核准了新名字沃比冈莱克（Wahbegon Lake），作为从国家法令角度看已经不合时宜的斯阔莱克（Squaw Lake）的替代者。

标点符号可以代表新地名吗？

1986年，俄亥俄州（Ohio）哈密尔顿市（Hamilton）的市长要求地名委员会接受市议会的决定，批准将它的名字上加一个感叹号：哈密尔顿！（Hamilton！）当地政府认为，修改后的名字将提升形象，吸引居民和企业进驻。地名委员会回复说不会考虑这个请求，因为标点符号不能作为地名的一部分。但委员会也将新名字做了注记，因为谁也不能强行制止“哈密尔顿！”这一名称在当地通讯或推广活动中使用。无论如何，官方地名仍保持不变——没有感叹号。

地名录中的最后一个地名

1984年，地名委员会接受了加利福尼亚州（California）咨询委员会为一个度假地命名为“Zzyzx”的提议。起这个名字的原因是为了让它在任何以字母表顺序排序的地名中都处于最末尾。

不被接受的美国地名

由于各种因素，世界范围内的许多组织都试图改变他们认为无法接受的地名：土著居民想要恢复他们已被取代的原有地名；其他少数民族希望消除他们认为带有种族歧视的地名；改名的迫切期望也可能源自其他因素。下面的一些美国地名虽然都可以称为“有争议”的名称，但情况却各不相同。

人们对难以接受的地名怨言越来越多。在几乎所有情况下，问题都产生自地名的“专名”，即对同一类别地理实体（称为“通名”）的地名进行区分的元素。例如，在多年前，地名委员会未批准俄勒冈州（Oregon）的一个地名，因为它的专名一度被认为是淫秽的。这个名字是“青楼梅多”(Whorehouse Meadow)，由早期移民命名，或反映了当年一些居民混乱不堪的夜生活。该州面对委员会的拒绝，积极采取应对措施，遂将此地更名为“顽皮女梅多”(Naughty Girl Meadow)，新的名称得到了委员会的认可。20世纪60年代，俄勒冈州人对“青楼梅多”的含义有了新的见解，新观点促使该州重新批准了原来的名称，地名委员会审查了这一决定并接受更名。

最近，越来越多的地名开始受到人们的指责。多年来，“黑鬼”(nigger) 一词未曾出现在任何一幅美国的官方地图上，因为在人们看来，这个词极度贬义，令人无法接受，不适合出现在美国的出版物里，并用“黑色的”(black) 和“黑人的”(negro) 两个词代替。但世易时移，这些替代词也慢慢引起了社会的反感，人们开始采取措施，以防止它们给社会带来各种负面影响。然而，社会上之所以流行着某些偏见，是因为人们对一些词汇的起源和意义存在误解。只有透彻地分析，才能加深理解，转变观念，扫除人们头脑中根深蒂固的偏见。例如，词语“黑色的”(black) 也可以在与种族无关的前提下指代一个人的名字；或者可以用它指代颜色较深的河流、湖泊或其他地理实体。词语“黑人的”(negro) 也有不带贬义的时候。在西班牙语中，它在形容颜色时仅指代黑色，况且美国人越来越倾向于尊重西班牙语地名。若地名来源于西班牙语，“negro”也可以被接受。本章注释5提及的美国地名录中，列出了大约75个名字含有black的地理实体，其中有14条黑河 (Black Rivers)。不难看出，面对上述这些地名，或其他类似地名，还有一大堆棘手问题等着地名委员会和它的美国同行们解决呢。另一个问题与此相关，即如果一些地名表现出它们可能是为了纪念一个奴隶主而得名的，那么它们就会遭到人们的反感。在路易斯安那州 (Louisiana)，一所以乔治·华盛顿命名的公立学校在1999年改名，理由是他蓄奴。下一步，按照这种策略对社会上的地名清理一遍，恐怕是逃不掉了。

在美国，“squaw”已成为另一个让人无法接受的词。尽管长期以来人们都认为它指代印第安女性，但也有很多人反对这一说法，因为他们认为这是源自法国商人用来形容这些女性私处的一个词。现在，社会上出现一些行动，旨在改变带有这个词的地名，但过程可能会比较缓慢，因为总共有超过1000个这样的名字，而且其中很多都是小地名。代表性的地理实体主要有新罕布什尔州 (New Hampshire) 的斯阔莱克 (Squaw Lake)，艾奥瓦州 (Iowa) 的斯阔克里克 (Squaw Creek)，加利福尼亚州 (California) 的斯阔瓦利 (Squaw Valley)。另外，明尼苏达州 (Minnesota) 已经采取重要措施，规定在该州的任何地名中带有“squaw”字样的都要更名。事实上，国家已经宣布这个词不适合在任何官方出版物中使用。一个县已经对其认为不适当的国家政策做出回应，提出将一个“斯阔莱克”的名字改为“Politically Incorrect Lake”(意为：政治不正确湖)。当局没有接受这一提议。2000年4月，国内地名委员会报告指出，缅因州 (Maine) 正在考虑禁止地名中出现“squaw”一词。

人们已经注意到，在试图识别印第安语地名的时候，或者在对殖民者等人强加的名称进行更名的时候，都会发生类似行动。目前，西班牙语地名在美国得到越来越多的关注，由于此类名字很多没能在官方记录中留存，因此恢复它们的努力很可能和后来的地名产生冲突。

如果“土著”地名在未来将会获得更多关注的话，那么来自欧洲人的地名也将会受到越来越多的挑战。此外，鉴于美国要求坚持政教分离的原则，任何带有宗教内涵的名称都可能受到审议。因此，类似于伯利恒 (Bethlehem)、科珀斯克里斯蒂 (Corpus Christi)、圣菲 (Santa Fe)、圣路易斯 (St. Louis) 等这一类地名可能会被否定。这些名字的数量相当多，在美国，大约有280个地名带有“St.”或“Saint”，还有大约370个带有“San”或“Santa”(都为“圣”，与宗教有关)。在对这类地名实施禁令的同时，也可能会相应地打开另一条通道，来恢复西班牙语地名，或赋予它们与之后产生的地名同等的地位。尽管西班牙语地名有了新的地位，但任何带有“San”或“Santa”的地名，不论它来自哪个国家，都可能不会受到人们欢迎。

地名委员会还听取外国成员关于不可接受的地名的讨论。艺伎平顶海山群 (Geisha Guyots) 在许多年前就被列入委员会的海底地名咨询委员会记录中 (Guyots是指像山一样的海底地貌)。在过去，委员会的日本成员一直认为这个名字不合适，因为“Geisha”所指的女性，实际上扮演了比人们传统认为的单纯舞女更不光彩的角色。委员会1992年的地名录显示，目前它被批准的名字是“日本平顶海山群 (Japanese Guyots)”。

注释

1. 囊括不寻常地名的书籍包括：莱斯利·邓克林 (Leslie Dunkling)，《吉尼斯名称纪录大全》(*The Guinness Book of Names*，英国恩菲尔德：吉尼斯，1989)、大卫·乔利斯 (David Jouris)，《地图全貌：美国的非凡地图集》(*All Over the Map*：*An Extraordinary Atlas of the United States*，加州伯克利：十速出版社，1994)、德里克·尼尔森 (Derek Nelson)，《地图之外：有关地名的稀奇历史》(*Off the Map*：*The Curious Histories of Place-Names*，纽约：讲谈社国际出版公司，1997)。

2. 毛里斯·D.巴特利特 (Maurice D. Bartlett) 和笔者的私人通信，1999 年4 月16 日。巴特利特在新西兰多年从事制图学和土地测量工作以后退休，他提供了一张带有全名的地图和明信片。他还指出，被引用的名字可能比正确的版本长。新西兰地理委员会 (New Zealand Geographic Board) 秘书温迪·肖在1998 年10 月11 日与笔者的私人通信中确认拼写的名字是正确的，官方规定必须在地图或相关文件上这样写。

3. 来源于1992 年地名委员会国内地名分会提供的数字化资料。

4. 地名委员会在20 世纪早期就规定地名应该尽可能地简化。其造成的一个结果是，将词尾的borough 缩写为boro。许多但不占多数的地名都做出了更改。

然而随着时间的推移，一些地方恢复了原来的拼写。美国现在有14个地方叫作Marlborough，还有17个地方叫作Marlboro（两者译为中文都是“马尔伯勒”）。马萨诸塞州（Massachusetts）有两个地方，分别使用以上两种拼写。同样地，“burgh”被缩写为“burg”。虽然和上述情况类似，但宾夕法尼亚州（Pennsylvania）的匹兹堡（Pittsburgh）保留了原来的拼写。

5.《美国国家地名录》(*The National Gazetteer of the United States of America*) 简明版，美国地质勘探局专业论文1200-US（华盛顿：美国政府印刷局，1990）。这本出版物包含了42,000个美国及其属地的主要地理实体的地名。它的所有地名按字母顺序排列，标识地理实体类型，显示每个地点所处的县和州，给出精确到秒的经纬度，并显示该实体指定位置的最高海拔。

6. 加里森·凯勒（Garrison Keillor）:《莱克乌比冈的日子》(*Lake Wobegon Days*)，纽约：维京企鹅图书公司，1985，第1-2页。

7. 格伦·亚克尔（Glen Yakel），明尼苏达自然资源部水道测量组织主管的个人信件，1997年3月28日。[在2000年12月《国家地理》(*National Geographic*) 杂志的一篇题为《寻找莱克乌比冈》(“In Search of Lake Wobegon”) 的文章中，加里森·凯勒承认这个地名是虚构的。]

后 记

任何关于全球范围抑或只是局部某区域的地名书籍，所述内容都可能随时间不断发生变化。在这本书完成后，若干国家设立了新的行政区，例如委内瑞拉在加勒比（Caribbean）海岸设立了一个名为巴尔加斯（Vargas）的新行政区。斯里兰卡组建了一个额外的组织，来和其他两个地方分享管理权。任何国家或者国际组织想要跟上形势的发展，就必须认真研究各国的官方资料。从美国的角度来看，地名委员会一直在做这方面的努力，其会议经常关注这类细节。

正如前文所提到的，许多国家已经着手处理语言问题。以前受到忽视的语言，在有力证据不断浮出水面的情况下，开始被纳入一个国家整体的语言体系之中，这导致一部分人认为它会使大众沟通复杂化。这种现象确实存在。然而，有迹象表明，一些在文化发展过程中不可避免产生的副产品，正受到许多国家抵制。例如，法国反对在互联网等领域使用英语科技术语。德国不仅正在研究如何提升德语传统语法和词汇在其语言中的支配地位，以保持语言的纯洁性，同时也在努力扩大老式标准德文尖角字体的应用范围。这些各国正在发生的事情可能会对地名产生影响。如果想要就准确、一致的地名达成广泛的共识，那么所有国家都必须应对上述这种变化。当然，这些做法不仅是为了满足人们的期待，它同时也是确保各方有效沟通的必要条件。

国内外地名仍在发生着各种各样的变化，它们不仅像镜子一样反映出现实世界的运行轨迹，而且还提供了丰富的证据，揭示了它们是如何成为我们日常生活中的重要元素，并且其价值历久弥新。逻辑上讲，不断涌现出的新地名需要我们不断更正地图、地图集、地名录和相关参考文献的内容。理论上这本书也需要定期修订。无论如何，笔者希望本书能为读者提供实用的信息，让人们了解地名是如何定义世界的，以及地名在定义世界之外发挥了哪些重要作用。

附录A

源于地名的常用词

Angora：安哥拉山羊毛，因原产地在土耳其（Turkey）安卡拉（Ankara，旧译安哥拉，至今仍保留安哥拉山羊毛的说法）而得名。

Aran：某种经典编织毛衣，取名于爱尔兰（Ireland）西海岸某岛屿名称。

Argyle：多色菱形花纹毛衣或袜子，因该花纹设计起源于苏格兰某个地方而以该地地名命名。

Baloney：香肠中的一种肉馅，来源于意大利（Italy）的博洛尼亚（Bologna）。

Bayonet：某种附在步枪上的短刀，首创于法国（France）的巴约讷（Bayonne）。

Bordeaux：波尔多葡萄酒，根据法国海港命名的白葡萄酒和红葡萄酒。

Bourbon：波旁威士忌，一种蒸馏酒，起源于肯塔基州（Kentucky）的波旁县（Bourbon County）。

Brie：布里干酪，一种奶酪，起源于法国布里。

Brougham：以布鲁厄姆勋爵（Lord Brougham）命名的一款汽车，也是英国的一个地名。

Brussels sprouts：抱子甘蓝，源于布鲁塞尔镇子名称。

Burgundy：勃艮第葡萄酒，一种法国勃艮第出产的浓郁葡萄酒。

Calvados：法国卡尔瓦多斯省的特产酒。

Cambric：指细棉布、细亚麻布，一种上等的棉布，源于康布雷（Cambrai）的某个镇子。

Camembert：卡芒贝尔干酪，一种奶酪，起源于法国诺曼底（Normandy）附近的同名小镇。

Cantaloupe：甜瓜、哈密瓜，一种水果，起源于印度（India），后来因成功移植到意大利坎塔卢波（Cantalupo）的某个镇子而得名。这次移植是该水果第一次在欧洲移植成功。

Cardigan：以卡迪根伯爵的名字命名的一种毛衣或夹克，同时也是地名，该伯爵的衔称指的是英国的一个地区。

Cashmere：一种上等羊毛，该山羊养殖在克什米尔（Kashmir）。

Champagne：香槟，一种起泡酒，来源于法国东北部的香槟地区。

Cherry：樱桃，依据古希腊城市名Cesarus命名的水果。

Cheviot：一种羊毛，绵羊养殖于英国切维厄特丘陵（Cheviot Hills）。

Chianti：基安蒂酒，产于意大利基安蒂山（Chianti Mountains）或此地附近。

China：瓷器，最早起源于中国（China），china这个词是瓷器（porcelain）的同义词，包括盘子、茶托或其他餐具。

Coach：一种马车，也用来形容汽车，名称来源于匈牙利（Hungary）科奇（Kocs）。

Cologne：古龙水，一种香水，起源于科洛涅［德语称为科隆（Köln）］。正式法语名称为eau de cologne，德语名称为Kölnisches Wasser。

Copper：铜，该词源于塞浦路斯（Cyprus），此处可能是最早发现该种金属的地方（塞浦路斯岛在古代是世界上主要的铜产地之一）。

Cordovan：科尔多瓦皮革，一种起源于西班牙（Spain）科尔多瓦（Cordoba）的皮料，主要用于做鞋。

Cravat：和18世纪作为法国雇佣兵的克罗地亚士兵佩戴的领巾有关，法语中Cravate本意是"克罗地亚人"，后来指这种源自克罗地亚的领巾，是现代领带的前身，进入英语后拼写变为cravat。此物件在法国流行起来，后来成了国际上非常普遍的配饰，英语有时依然称之为cravat，一般也称为necktie或者tie，即领结或领带。

Currants：取自希腊（Greece）的科林斯（Corinth）。

Damask：锦缎、花缎，一种上等的织物，原产于叙利亚大马士革（Damascus）或其附近地区。

Denim：一种染色的粗斜纹棉布，现在也叫作牛仔布（中文有时音译成丹宁）。原产于一个叫尼姆（Nîmes）的法国小镇，因为起源于此，所以这种布料被称为de Nîmes，后来称为denim。

Derby：常礼帽、圆顶高帽，由德比伯爵推广起来的一种帽子。

Dollar：在德国一个叫Joachimstaler的地方或其附近发现的银币，此地可能翻译为约阿希姆山谷（Joachim Valley）。基于德语中表示山谷的单词，钱币被称为Taler，后来该词又用于美国钱币，拼写形式变成了现在的dollar，即"美元"。

Edam：一种奶酪，和荷兰（Holland）盛产奶酪而著名的城市埃丹有关。

Fez: 一种无边帽，起源于摩洛哥（Morocco）的非斯。

Frankfurter: 一种香肠，取名自德国法兰克福(Frankfurt)。

Gauze: 一种薄布、薄纱，起源于加沙（Gaza）。

Gouda: 一种奶酪，起源于荷兰豪达(Gouda)。

Gruyere: 一种奶酪，起源于瑞士（Switzerland）格鲁耶尔。

Gypsy: 吉普赛人，来自印度的移民民族（原住印度北部，现遍布世界各地，尤以欧洲为主），但最初被误认为来自埃及，故在英语中被称作“埃及人（Egyptian)”，后来该词拼写逐渐演变为 Gypsy，但我们依然能看出该词与 Egyptian 的联系。

Hamburg / hamburger: 汉堡，取自德国地名汉堡（Hamburg），汉堡包可能就起源于该地。

Homburg: 一种男士帽，起源于德国疗养小城巴特洪堡（Bad Homburg），一般称为洪堡毡帽。

Java: 爪哇产的咖啡，一种印尼咖啡，较为流行。

Jeans: 蓝色牛仔，一种粗糙织物，原产于意大利的热那亚（Genoa)，因此地而得名。

Leyden jar: <电>莱顿瓶，发明于荷兰莱顿（Leyden），是世界上第一个电容器。

Limousine: 一种汽车，取名自法国利穆赞（Limousin）的一款带有风帽的大衣。

Mackinaw: 一种厚夹克，起源于密歇根（Michigan）的麦基诺岛（Mackinac Island）。不同的拼写可能是因为发音的变异造成的。

Madras: 马德拉斯布，一种布料，取名自印度同名地名，现在地名马德拉斯改为金奈（Chennin）。

Manila: 一种用来制作信封的纸张，取名自菲律宾（Philippines）首都马尼拉。

Meander: 在英语中意为“闲逛、闲谈、蜿蜒而行”。取自土耳其（Turkey）的米安德里弗河（Meander River），此河流路线和水流流速都是不规律的。

Millinery: 和意大利米兰（Milan）生产的织物有关，此织物被英国进口后，名称由 Milaner 逐渐演变为 Millenery，现代英语中指“女帽”。

Mocha: 摩卡咖啡，一种咖啡，因也门共和国（the Republic of Yemen）的一个港口而得名。

Muslin: 一种棉布料，起源于伊拉克（Iraq）的摩苏尔（Mosul）。

Panama hat: 巴拿马草帽，起源于厄瓜多尔（Ecuador），但是名字却叫作巴拿马(Panama)，可能是为了吸引顾客。

Parmesan: 帕尔马干酪，起源于意大利帕尔马（Parma）小镇。

Parmigiana: 意为“用帕尔马干酪调制的”，涂上帕尔马干酪后进行烹调，也来自帕尔马。

Pheasant: 一种鸟，得名于 Phases River，此河流最终汇入黑海（Black Sea）。

Pilsner：比尔森啤酒，起源于捷克共和国（the Czech Republic）的比尔森（Plzeň，德语旧称为 Pilsen）。

Port：波特酒，取名自葡萄牙（Portugal）的港口城市波尔图（O Porto）。

Rhinestone：莱茵石，一种次等宝石，取名自原产地莱茵河（Rhine River）。

Roquefort：罗克福尔干酪，一种奶酪，取名自一个法国同名小镇。

Samaritan：好心人，乐善好施者，撒马利亚人。源自《圣经》故事，一个撒马利亚人向一个受伤但无人给予帮助的人伸出援助之手。撒马利亚为以色列的一个古老省份。

Sardine：沙丁鱼，取名自意大利撒丁岛（Sardinia），此为地中海地区的一个意大利岛屿。

Sardonic：冷笑的，讽刺的，取名自撒丁岛的一种植物。传说地中海中撒丁岛上有一种毒草，其毒性足以致命，据传，误食者会肌肉抽搐，狂笑不止而死，死的时候脸上依然保持一种古怪的笑容。单词的含义就是来源于此。

Sauterne：一种酒，得名自法国波尔多（Bordeaux）附近的地区名。

Scotch：苏格兰威士忌，苏格兰（Scotland）的一种酒。

Sedan：一种汽车，起源于法国城市色当（Sedan）。

Sherry：雪利酒，得名自西班牙赫雷斯-德拉弗龙特拉（Jerez de la Frontera）。

Shetland pony：设得兰矮种马，取名自养殖地——苏格兰海岸设得兰群岛（Shetland Islands）。

Shropshire：一种羊，养殖于英格兰和威尔士（Wales）之间的什罗普郡。

Tabasco：塔巴斯科辣酱，一种辛辣调味料，取名自墨西哥（Mexico）的河流名称和州名。

Tangerine：一种橘类水果，原产于亚洲，后来可能通过摩洛哥港口（Moroccan port）丹吉尔（Tangier）运输到其他地方。

Turkey：火鸡，早期的北美殖民者认为这种鸟和欧洲人称之为 turkey 的鸟（这种大型鸟类从非洲经过土耳其进入欧洲，所以被人们称为 turkey）很相像，因此将这种鸟也称为 turkey。

Turquoise：绿松石，一种浅蓝色或青绿色的宝石，取名自首次发现该宝石的土耳其（Turkey）。

Tuxedo：一种正式的套装，取名自纽约塔克西多公园（Tuxedo Park）。居住在公园附近的有钱人穿着的套装逐渐成为正式场合穿着的服装，一般译为“无尾礼服”。

Tweed：苏格兰特威德河（the River Tweed）附近生产的一种粗糙羊毛织物。

Wiener：维也纳香肠，起源于奥地利（Austria）维也纳（Vienna，德语是 Wien），至少名字上有点关系。

附录B

美国地名委员会（BGN）的组织机构与工作流程

组织机构

美国地名委员会成员机构

农业部（Department of Agriculture）

内政部（Department of the Interior）

商务部（Department of Commerce）

美国邮政署（U.S.Postal Service）

美国政府印刷局（U.S. Government Printing Office）

国会图书馆（Library of Congress）

中央情报局（Central Intelligence Agency）

国防部（Department of Defense）

国务院（Department of State）

委员会

国内地名分会（Domestic Names Committee）

外国地名分会（Foreign Names Committee）

农业部

商务部

内政部

国会图书馆

美国政府印刷局

美国邮政署

中央情报局

国防部

国务院

咨询委员会

南极地名咨询委员会（Advisory Committee on Antarctic Names）

海底地名咨询委员会（Advisory Committee on Undersea Features）

地外地理实体咨询委员会（Advisory Committee on Extraterrestrial Features）（重组中）

工作流程

美国地名委员会

通常，美国地名委员会通过选举产生一名主席和一名副主席，任期两年。二者的职责包括主持每季度的地名委员会会议、设置会议议程、准备分发给成员的会议纪要，以及在国内或国际会议中代表地名委员会参会。地名委员会的执行秘书负责协调整个委员会的工作，需要与这些官员和下设的委员会紧密合作。执行秘书来自美国国家影像制图局（National Imagery and Mapping Agency, NIMA）或美国地质勘探局（U.S.Geological Survey, USGS），由委员会成员选举产生，并由内政部长和美国国家影像制图局、地质勘探局两个机构共同任命，任期不定，并兼任委员会下设的国内地名分会或外国地名分会的执行秘书。因此，他（她）肩负诸多双重职责。此外，执行秘书还在相关的国内国际组织中代表地名委员会和美国。每季度举行的地名委员会会议的参会人员包括10名成员或代表、一个或两个执行秘书、美国国家影像制图局和美国地质勘探局的工作人员，以及代表其他联邦机构和组织［如国家地理学会（National Geographic Society）］的嘉宾。

国内地名分会

国内地名分会的成员来自美国及其属地、领地的与地名相关的各个机构，每个机构派一名成员和一名或多名代表组成国内地名分会。成员选出一名主席和一名副主席主持会议。国内地名分会执行秘书是一位来自美国地质勘探局的重要官员，领导并协助分会项目的工作。执行秘书负责安排议程、准备背景文件、在会议期间提供技术支持、在地名委员会会议上汇报分会工作情况，并且通常代表国内地名分会与包括出版社在内的其他机构进行沟通联络。国内地名分会每月召开会议，审核之前由工作人员提交的名称或处理其他相关事务。美国地质勘探局支持国内地名分会的8名成员及其项目工作。工作人员队伍由具有地理和地图学背景的人士以及地名学家组成。

国内地名分会有一系列的准则、政策和流程，以形成工作的指导方针，其多数工作涉及核准新的或者最近更改的地理实体名称的提议。这些提议可能来自个人、负责地名的国家机构或者其他不同的美国机构。它们被提交给国内地名分会，留作日后处理。在国内地名分会的工作流程中，有一项是关于如何处理为纪念某人而命名地理实体的提议。提议获得批准通常需要满足两个条件：第一，被纪念的人必须与这个地方有可证明的关系，即他（她）必须在此处或在此处附近生活过一段时间，并且持续时间的长度合理；第二，被纪念的人至少已经离世五年。尽管规定如此，但也会对这些条件进行复审，并有可能修改。一个最新被认可的规定是批准在美国地名中使用变音符号，只要对于地名所在地而言，在语言方面讲得通即可。对这个问题已经讨论了很多年，但是支持使用英语的习俗阻碍使用变音符号。然而在几年前，夏威夷要求有权将其名称以当地语言形式拼写，并使用变音符号。国内地名分会认可这样的名称作为官方名称，并正在研究在条件许可的情况下，在美国更广泛地应用其他语言。

最近还出现了一个问题。波多黎各总督致函美国地名委员会，要求将主岛命名为“Island of Puerto Rico and Isla de Puerto Rico”(分别为英语和西班牙语中的“波多黎各岛”)。国内地名分会回复道，地名委员会的单一性政策要求只能使用一个名称，因此只有名称“Island of Puerto Rico”是可接受的。如果波多黎各以后成为一个州，国内地名分会将会对该地名拼写和其他有关地名“外语”拼写的做法进行再次审查。

国内地名分会的行动报告也属于每季度地名委员会会议所需准备的议程之列。正常情况下，地名委员会成员不参与有关国内地名分会行动的讨论，但倾向于接受所报告的行动内容。国内地名分会的决定也会提交给内政部长，作为信息项进行报告。个别问题可能需要部长的批准。

国内地名分会的一个主要项目是编写州地名录。各州按照合同安排并根据国内地名分会的指示推进这项工作。截至1998年10月，8个州的地名录已完成印刷。同时电子产品的出现催生了覆盖所有州的电子地名录。

截至1998年初，有42个州成立了负责命名地理实体或按要求纠正地名的机构。这些机构基本上遵循由国内地名分会制订的规定，并通常与国家机构协商执行它们的决定。然而，国内地名分会代表美国地名委员会所作的决定只适用于联邦层面的产品。州一级批准的名称如果违反了国家层面的规定，则不能应用于美国地图或海图。州级名称机构和国内地名分会正在逐步加强合作。每年，美国地名委员会代表都会出席西部各州地名会议（Western States Names Conference)，会上取得很多有用的进展。1998年，该会议的参会者范围扩大到所有相关各州（尽管不是所有州都有地名委员会)，并且更名为地名管理委员会（Council of Geographic Names Authorities)。

提交给国内地名分会的新名称提案处理实例

新名称提案——纽约州矿洞溪（Mine Hole Brook, New York）——1997年12月11日由国内地名分会处理

背景：提案将位于阿尔斯特县（Ulster County）瓦沃辛镇(Town of Wawarsing)的朗道特河(Rondout Creek)的长为1.8英里（约2.9千米）的无名支流正式命名为Mine Hole Brook。这一名称从19世纪末开始使用，在1887年的一张地契中被提及。这一名称也出现在1918年瓦沃辛镇的选举地图和1951年的地界图中。该地区的两本地方志也都提到了它，其中一本地方志最近由提议者出版。这条小溪由于毗邻溪源附近的废矿而得名。提议者走访了4名长期住在该地区的居民，他们证实了这个名称的由来，阿尔斯特县的历史学家也证实了这一点。瓦沃辛镇镇委通过一项决议，支持将这个名称作为小溪的官方名称，纽约地名委员会建议批准这一名称。

国内地名分会的会议纪要记录了这一行动：

提案将一个自19世纪末开始使用的朗道特河支流的名称定为官方名称。对此，国内地名分会提议支持批准这一名称。

投票表决：4票支持
0票反对
0票弃权

新名称提案——阿拉斯加州奥克史密斯岛（Oaksmith Island, Alaska）——1997年7月10日由国内地名分会处理

背景：该提案由斯坦利·奥克史密斯（Stanley Oaksmith）和玛蒂娜·奥克史密斯(Martine Oaksmith)的孙子提交。他建议为位于凯奇坎门自治市镇（Ketchikan Gateway Borough）汤加斯峡谷（Tongass Narrows）的一座小岛（1.4英亩）命名。他的家族在1995年买入了这座小岛。奥克史密斯夫妇于1905年来到凯奇坎，夫妇二人都是这一地区的开拓者和企业主。奥克史密斯先生于1942年去世，奥克史密斯女士直到去世前一年一直在经营一家服装店，她于1987年去世，享年104岁。美国林务局(U.S. Forest Service，USFS)对此提议没有反对意见。这座小岛位于汤加斯国家森林之外，但是将被纳入美国林务局游客地图。应奥克史密斯一家的请求，凯奇坎门自治市镇议会同意当地地图使用这一名称。阿拉斯加历史委员会（the Alaska Historical Commission，AHC-State Board）以建议者的祖父母与这一地点没有直接联系为由否决了这一提议，并且不认为奥克史密斯夫妇在该地区很有名气。阿拉斯加历史委员指示工作人员建议命名提议者：如果该名称没有成为当地地名，他们可以在未来七到十年的时间再次提交建议。

委员会的会议纪要记录了这一行动：

为位于凯奇坎门自治市镇汤加斯峡谷的一座小岛命名的提案由斯坦利·奥克史密斯和玛蒂娜·奥克史密斯的孙子提交，奥克史密斯夫妇是这一地区的开拓者和企业主。对此，国内地名分会提出不支持批准这一名称的提议，关于这一提议：

投票表决：4票支持

1票反对

0票弃权

拒绝奥克史密斯的提议，因为分会认同阿拉斯加历史委员会的观点，认为被纪念的人与该地点没有直接联系，并且在该地区没有名气。对于不支持批准这一名称的提议投反对票的成员认为该命名建议符合委员会纪念型地名命名政策（Commemorative Naming Policy）的标准。

外国地名分会

外国地名分会的成员来自在收集和处理外国地名方面有直接利益的各个联邦机构，这些机构分别出一名成员和一名或多名代表组成外国地名分会。经外国地名分会审核的地名由其工作人员提交给美国国家影像制图局，美国国家影像制图局的成员包括约35名语言学、地图学、外语和地理方面的专家。一些成员出生在其他国家，因此掌握一定程度的外语知识。该群体被称作地名学家，因为他们的职业专注于地名，工作人员对外国地名进行研究以满足规定的要求，或者来应对影响很多地方的变化。冷战期间，他们的首要任务就是提供苏联地图和海图的地名。因为苏联不以实用的比例出版地图，外国地名分会的工作人员只能通过核查大量资料来源来确定地名。

外国地名分会选举一名主席和一名副主席，任期两年。美国国家影像制图局成立后，之前来自情报信息机构的工作人员可能会更加紧密地接触外国地名分会的工作。美国国家影像制图局同其前身国防制图局（Defense Mapping Agency）一样，代表国防部。分会大约每季度举行一次会议，如有需要，也会额外举行会议。偶尔会有来自其他机构的代表参加会议，以表达他们的关注点和需求。同时，来自国家地理学会等组织的人员和退休人员可能也会应邀参加会议。2000年8月25日举行的那场会议有包括工作人员和来访人员在内的15名参会人员。分会的议程非常丰富，工作效率也很高。在第332次会议中，分会审核了8个国家的一个或多个地名。该议程还确定45个国家存在与地名有关的问题，工作人员正在对此进行研究。

外国地名分会执行秘书的总体职责包括领导分会工作人员的工作、准备议程、分发会议报告以及与美国国家影像制图局相关部门进行恰当的协调，以确保分会和其工作人员能达到国家和国际社会的要求。然而，工作人员的官方工作日程由美国国家影像制图局规定。

尽管分会工作人员会审核有关新地名的建议，但是它服从国防部成员有关国家名称的决定。这一职责与该机构对美国国际关系所承担的责任有关。一个国家提供的官方名称得到认可，对于确保正确的政治和外交沟通来说非常重要。在过去几年，外国地名分会每年都要批准大约15,000个地名。尽管国家名称或主要城市名称会受到最多的关注，但分会确定和核准次级行政区划 (类似于美国的州和县) 的地名则要耗费更多的精力。需要注意的其他变化还可能包括创建新的行政单位，撤销旧的行政单位，随后通过坐标确定其位置的变化，以及修改描述功能的术语。除了改变某个国家的名称——这可能不那么难——分会可能还得进行大量研究，以核查同一国家相当数量的行政单位的变化。

苏联解体后诞生了15个独立的国家，为收录新名称带来了巨大的工作量。美国国家影像制图局的工作人员立即加班，负责修改地图和海图的科室也是如此。美国很多政府部门以及私人出版商都需要最新的地名信息。值得称道的是，工作人员迅速准确地执行了这一重要任务。

在过去的10年中，具有象征意义的新政治形势形成，分会工作人员甚至还出席了乌克兰和立陶宛的相关官方会议。有两个有利条件：一是分会能够获得有用的数据，二是各国正在接受分会在半个世纪前制订的准则、政策和流程。

外国地名分会也尽最大努力与其他国家的相关官方机构进行沟通交流。2000年1月在纽约举办的第二十届联合国地名专家组 (UN Group of Experts on Geographical Names) 会议上，美国地名委员会代表继续与来自其他国家的专家进行了富有成效的联络。多年来最富成效的是同英国地名常设委员会 (UK Permanent Committee on Geographical Names for British Official Use，PCGN) 建立的关系。美国地名委员会和英国地名常设委员会的代表每两年举行一次会议，讨论共同利益，并开发合作项目。此外，双方几乎一直在讨论和交换数据。正如前言所述，越来越多的国家愿意提供有关地名的信息。在另一层面，国务院可能会收到来自其他国家的官方信函，提供有关名称的信息。这种沟通是以外国地名分会工作人员提出的行动建议为基础的。

长期实施的流程经历了彻底的改变。目前，分会的工作人员也会与外部组织签约，审核地图和其他文件资料，以确定地名和相关位置信息。之后工作人员会检查结果，并按要求结合提交给分会的建议进行修改。这一政策使得工作人员有更多时间来完成其他同样重要的任务。

数字技术极大地改进了分会传播地名信息的职能。现在正在制作电子版地名录。用户接入网络就能获得地名列表。尽管公众仍能买到纸质版的地名录，但库存正在减少，新版将只发行电子版。只有在有特别需求的情况下才会提供纸质版。《外国地名信息公报》(*Foreign Names Information Bulletin*) 是一份极具价值的出版物，它列出了外国地名分会在一段时期内所做的决定。

下列信息来自外国地名分会常规会议的会议纪要，描述了分会的职能性质。

摘自 1997 年 1 月 29 日外国地名分会举行的第 306 次季度会议的会议记录（为提供全面的描述已对记录进行重新整理)。

议程第 5.11. 款斯洛文尼亚的新的次级行政区。斯洛文尼亚新的行政组织结构的主要来源是斯洛文尼亚共和国 1995 年 1 月发布的行政区域和 1994 年 10 月发布的《建立和划定行政区域法》。需要说明的是，推荐条目的坐标取自较小比例尺的斯洛文尼亚地图。工作人员准备了一份 12 页的文件供外国地名分会评审。这份文件指出，84 个新一级行政区现在分布在一个原一级行政区和 54 个原二级行政区内，并且有 6 个二级行政区被撤销。

正如上述会议的会议记录所显示的那样，这份 12 页工作文件的前两个条目的格式如下。该格式是所有外国地名分会工作文件采用的标准格式：

外国地名分会第 306 次会议
附件 11
已批准

提交至： 美国地名委员会外国地名分会
来　自： 工作人员
主　题： 推荐的地名条目更改：斯洛文尼亚
日　期： 1997 年 1 月 6 日

现行条目	推荐条目
Ajdovščina, Opstina: ADM2	*Ajdovščina*, Občina: ADM1
46°15′N, 15°10′E	45°54′N, 13°56′E
无	*Beltinci*, Občina: ADM1
	46°37′N, 16°14′E

注：ADM 是美国地名委员会“行政条目”的标准代码。ADM1 代表一级行政区（如美国的一个州)，ADM2 代表二级行政区（如州下辖的一个县)。上述提及的行动旨在

将地名条目等级提高，改变其中心点的坐标，并且重新拼写条目，形成一个新地名条目。

附录C

❖

美国地名委员会（BGN）地名录中关于海底地理实体和南极洲地名的摘录

海底地理实体

美国地名委员会（Board on Geographic Names，BGN）1990年版的《海底地理实体地名录》(*Gazetteer of Undersea Features*）中列有53个地名术语及定义，其中有9个术语适用于大比例尺测深图上的小地理实体。每个地名词条都包括一个“说明性注记（designation)”列，也就是所谓的通名。虽然地名中一般都会有通名，但是有的地名中并未包含，为了直观地识别地理实体类别，故加上了“说明性注记”项。有的地名会有更名的情况，如果旧名称已经使用了很长一段时间，旧名称会以斜体的形式列出，同时后面列出现在使用的新名称作为参考。这种标出新旧两个名称的方式旨在使读者了解该地名存在更名的情况。以下是地名录的部分内容。

地名	说明性注记	纬度	经度
哈迪礁（Hardy Reef)	礁（ Reef)	10°08′N	116°08′E
哈里平顶海山（Harrie Guyot)	平顶海山（Guyot)	5°35′N	172°17′E
哈林顿山（Harrington Hill)	山（Hill)	31°21′N	77°34′W
哈里森海山（Harrison Seamount)	海山（Seamount)	12°40′N	167°55′W
哈里斯海岭（Harris Ridge) ［见罗蒙诺索夫海岭（Lomonosov Ridge)］	海岭（Ridge)	88°00′N	140°00′E

南极洲地名

最新的《南极地名录》(*Geographic Names of the Antarctic*) 第二版于1995年出版，包含了约12,000条地理实体名称（含别名）。词典的前20页主要介绍了相关委员会的职能和地名命名的流程。和美国地名委员会编写的其他地名录不同，这本地名录对每个地名词条进行了详细的介绍。示例如下：

阿马戈斯特山（Armagost，Mount） 71°38′S，166°01′E

这座山位于维多利亚地（Victoria Land）北部米拉比托岭（Mirabito Range）和霍姆兰岭（Homerun Range）之间，海拔2040米，大约在勒雷舍山（Mount LeResche）西南方向9英里（14.48千米）处。通过美国地质勘探局（U.S. Geological Survey，USGS）调研并根据美国海军1960—1963年的航空拍摄图进行绘制。此山取名自美国南极地名咨询委员会（Advisory Committee on Antarctic Names，ACAN）首席装备操作员哈里·M.阿马戈斯特（Harry M. Armagost），此人曾在1963和1967年在麦克默多站（McMurdo Station）度过了整个冬天。

附录D

❖

惯用地名举例

美国地名委员会（Board on Geographic Names，BGN）近些年发布了一系列美国使用的惯用地名（一般是英文惯用地名）。下面是部分内容节选（按字母顺序排序）。这些地名中，有的当地名称是罗马字母拼写，有的则是通过非罗马字母转写而来。每条地名包含惯用名称、当地名称、地理实体类型和所属国家。有时候，当地名称和惯用名称的拼写是一样的。[1]

惯用名称	当地名称	地理实体类型	所属国家
安纳托利亚（Anatolia）	Anadolu	地区（region）	土耳其（Turkey）
巴比伦（Babylon，遗址）	Aṭlāl Bābil	区域（area）	伊拉克（Iraq）
科隆 (Cologne)	Köln	城市（City）	德国（Germany）
大马士革（Damascus）	Dimashq	城市（City）	叙利亚（Syria）
多瑙河（Danube River）	Donau	河流（River）	奥地利（Austria）和德国（Germany）
多瑙河（Danube River）	Dona	河流（River）	匈牙利（Hungary）
多瑙河（Danube River）	Dunav	河流（River）	保加利亚（Bulgaria）
多瑙河（Danube River）	Dunărea	河流（River）	罗马尼亚（Romania）
多瑙河（Danube River）	Dunaj	河流（River）	俄罗斯（Russia）
肯尼亚山（Mount Kenya）	Kirinyaga	山（Mountain）	肯尼亚（Kenya）
穆哈（Mocha）	Al Mukhâ	城市（City）	也门（Yemen）
慕尼黑（Munich）	München	城市（City）	德国（Germany）
莱茵河（Rhine River）	Rhein	河流（River）	德国（Germany）
莱茵河（Rhine River）	Rhin	河流（River）	法国（France）
莱茵河（Rhine River）	Rijn	河流（River）	荷兰（Netherlands）

注：1. 伊拉克、叙利亚、保加利亚、俄罗斯和也门的地名是根据美国地名委员会 (Board on Geographic Names, BGN) 和英国地名常设委员会 (Permanent Committee on Geographical Names for Official British Use, PCGN) 提供的罗马化转写方式进行拼写的。部分罗马字母国家的地名和非罗马字母国家罗马化转写后的地名中会带有变音符号。

附录E

美国地名委员会（BGN）奥地利电子地名录部分节选

地名	说明性注记	纬度	经度	区域	UTM	JOG No.
特尔峰（Törlspitze）	峰（PK）	47°02′00″N	13°16′00″E	AU02	UN61	NL33-01
特尔山[a]（Törlspitzen）	山（MT）	47°25′00″N	11°08′00″E	AU00	PT65	NL32-03
托尔马法卢（Tormafalu）	居民点（PPL）	47°47′00″N	16°25′00″E	AU01	XN09	NL33-03
托尔毛尔（Tormauer）	峡谷（GRGE）	47°53′00″N	15°15′00″E	AU03	WP10	NL33-02
托伦（Torren）	居民点（PPL）	47°36′00″N	13°09′00″E	AU05	UN67	NL33-01
托尔讷溪（Torrenerbach）	溪（STM）	47°36′00″N	13°10′00″E	AU05	UN67	NL33-01
托尔山口（Torscharte）	山口（PASS）	47°00′00″N	13°32′00″E	AU02	UN80	NL33-01
托尔山口（Torscharte）	山口（PASS）	47°27′00″N	13°02′00″E	AU05	UN55	NL33-01
托尔湖（Tor See）	湖（LK）	47°10′00″N	11°41′00″E	AU07	QT02	NL32-03
托尔山（Tor Spitze）	山（MT）	47°11′00″N	11°40′00″E	AU07	QT02	NL32-03

注：a. 奥地利和德国共有的地理实体。

各列标题

地名（Name）：经美国地名委员会批准的名称，如有别名也会列出。

说明性注记［Designation（Desig.）］：2—5个字母，有时也会包含数字，这些字母是地理实体类型的缩写，字母可能取自通名全称中的字母，起到识别地理实体类型的作用。例如，GRGE指的是峡谷（gorge）；LK指的是湖（lake）；MT指的是山（mountain）；PASS指的是山口、水道（pass）；PK指的是峰（peak）；PPL指的是居民点（populated place）；STM指的是河流（river）或小溪（stream）等。里面还有其他类型的通名，定义详见地名录。

纬度（Latitude）和经度（Longitude）：地理实体的坐标，单位为“度、分、秒”。对于较大范围的城市、行政区域、湖泊和山脉等地理实体，坐标取自几何中心点。对于河流或小溪，坐标取自河口。

区域（Area）：由两个字母和两个数字组成。字母是国际标准化组织（International Standardization Organization）提供的国家代码，数字和国家的行政区域有关。

通用横轴墨卡托投影（UTM）：全称是Universal Transverse Mercator，是美国国家影像制图局（National Imagery and Mapping Agency，NIMA）编制地图所采用的投影系统。数字用来识别地图上地理实体的位置。

联合作战图图号（JOG No.）：JOG是美国国家影像制图局编制的系列地图简称，全称为Joint Operational Graphic。数字起到识别地理实体所在页数的作用。这些图比例尺为1：250,000，面积覆盖了全世界。

附录F

❖

俄语西里尔字母罗马化转写对比示例

两种罗马化转写形式分别按照俄罗斯官方转写方式（GOST 1983）、美国地名委员会和英国地名常设委员会（BGN/PCGN）提供的转写方式进行拼写。

GOST 1983	Russian Cyrillic[1]	BGN/PCGN
Rjazan'	Рязань	Ryazan'
Jakutsk	Якутск	Yakutsk
Ostrov Sahilin	Остров Сахалин	Ostrov Sakhalin (Sakhalin Island)
Holodnyj	Холодный	Kholodnyy
Brjansk	Брянск	Bryansk
Bol'šoj Enisej	Большой Енисей	Bol'shoy Yenisey
Černigov	Чернигов	Chernigov (Ukraine, Now Chernihiv)
Hanty-Mansijsk	Хsнты-Маhсийск	Khanty-Mansiysk
Vjaz'ma	Вязьма	Vyaz'ma
Idrica	Идрица	Idritsa
Nežin	Нежин	Nezhin

列表中的地名由于自身的拼写和发音特点加带了一些变音符号。更多信息请参见罗马化转写系统和罗马字母拼写规则（Romanization Systems and Roman-Script Conventions），此资料由美国地名委员会（Board on Geographic Names，BGN）外国地名分会（Foreign Names Committee，FNC）相关工作人员编写。

注：1. 俄语（西里尔字母）。—译者

附录G

美国地名委员会–英国地名常设委员会（BGN/PCGN）的塞尔维亚–克罗地亚语罗马化转写系统

	cyrillic				Roman		cyrillic				Roman
1	А	а	*А*	*а*	a	16	Н	н	*Н*	*н*	n
2	Б	б	*Б*	*б*	b	17	Њ	њ	*Њ*	*њ*	nj
3	В	в	*В*	*в*	v	18	О	о	*О*	*о*	o
4	Г	г	*Г*	*г*	g	19	П	п	*П*	*п*	p
5	Д	д	*Д*	*д*	d	20	Р	р	*Р*	*р*	r
6	Ђ	ђ	*Ђ*	*ђ*	đ(Đ)[1]	21	С	с	*С*	*с*	s
7	Е	е	*Е*	*е*	e	22	Т	т	*Т*	*т*	t
8	Ж	ж	*Ж*	*ж*	ž	23	Ћ	ћ	*Ћ*	*ћ*	ć
9	З	з	*З*	*з*	z	24	У	у	*У*	*у*	u
10	И	и	*И*	*и*	i	25	Ф	ф	*Ф*	*ф*	f
11	Ј	ј	*Ј*	*ј*	j	26	Х	х	*Х*	*х*	h
12	К	к	*К*	*к*	k	27	Ц	ц	*Ц*	*ц*	c
13	Л	л	*Л*	*л*	l	28	Ч	ч	*Ч*	*ч*	č
14	Љ	љ	*Љ*	*љ*	lj	29	Џ	џ	*Џ*	*џ*	dž
15	М	м	*М*	*м*	m	30	Ш	ш	*Ш*	*ш*	š

此表是1994年美国地名委员会和英国地名常设委员会批准的转写方式。塞尔维亚–克罗地亚语（Serbo-Croatian）是波斯尼亚和黑塞哥维那（Bosnia and Herzegovina）、克罗地亚（Croatian）、黑山（Montenegro）和塞尔维亚（Serbia）的

注：1. 有时候đ (Đ)会被写为dj (Dj)。

官方语言,有两种不同的书写方式——罗马字母和西里尔字母。克罗地亚用罗马字母,黑山和塞尔维亚使用西里尔字母，波斯尼亚和黑塞哥维那两种字母都在使用，这两种字母处于平等地位。表格中的斜体西里尔字母用在某些特定的地名中。塞尔维亚和黑山主张建立了南联盟 (Yugoslavia)，但是美国并不承认这是一个国家。

有价值的参考文献

注释中引用的资料

《美国地理学家协会年鉴》(*Annals of the Association of American Geographers*)。美国地理学家协会 (Association of American Geographers) 出版的刊物，华盛顿特区西北，第16大街1710号，邮编20005。偶尔引用与地名相关的文章。

《韦氏地理词典》(*Merriam Webster's Geographical Dictionary*)，第3版，马萨诸塞州，斯普林菲尔德：梅里亚姆-韦伯斯特出版社，1997。完美收录了地名及相关信息。

《名字》(*Names*)。美国专名学协会 (American Name Society) 出版物。该季刊是首屈一指的地名出版物。虽然其内容侧重人名和文学名称等话题，但几乎每篇具体的文章或书评都会提到地名。在1969年至1990年出版的刊物中，其中5期都附上了地名文献的参考书目，其中多数涉及美国地名，但也包含加拿大地名的内容。自1954年第一版刊物起，整个《名字》期刊都由厄尔巴索市 (El Paso) 得克萨斯大学 (University of Texas) 的柯萨普馆藏 (Coltharp Collection) 进行收藏。

德里克·尼尔森 (Derek Nelson)：《地图之外：有关地名的稀奇历史》(*Off the Map: The Curious Histories of Place-Names*)，纽约：讲谈社国际出版公司，1997。该书讲述了诸多地名一系列有趣的历史故事，有些故事家喻户晓，有些则颇具隐秘色彩。此外，该书还讲述了如何处理那些拥有不同语言和文化背景的地方的名称。

约瑟夫·T.希普利 (Joseph T. Shipley)：《词源词典》(*Dictionary of Word Origins*)，第2版，纽约：哲学文库，1945。这份珍贵的出版物按字母顺序对词语进行排列，其中收录了一些起源自地名的词语。

乔治·R.斯图尔特 (George R. Stewart)：《陆地上的名称》(*Names on the Land*)，纽约：兰登书屋，1945。该书堪称地名领域的经典著作。1975年发行的后续版本与其隶属相同类型的书籍。

其他与地名相关的资料

肯尼斯 · C. 戴维斯 (Kenneth C.Davis)：《不太懂地理》(*Don't Know Much about Geography*)，纽约：威廉莫罗出版社，1992。该书从史实或异想天开的角度阐述了“地理学”领域的方方面面，并给出了美国州名的起源背景，根据不同大洲列出了各个国家及其名称的起源时间。

莱斯利 · 艾伦 · 邓克林 (Leslie Alan Dunkling)：《吉尼斯名称纪录大全》(*The Guinness Book of Names*)，英国恩菲尔德：吉尼斯，1989。该书阐述了各类名称有趣而非比寻常的特性，其中包括地名。比如，书中给出了美国各州名称的起源和绰号，并介绍了世界各地的简称和全称。

卡尔 · 艾夫格伦 (Carl Efvergren)：《英语中的象征词地名》(*Names of Places in a Transferred Sense in English*)，瑞典隆德：哈坎奥尔松出版社，1909。再版：底特律盖尔公司，图书大厦，1969。这部早期作品阐述了形成地名第二层甚至第三层含义的背景原因。该书收录了约500个此类词汇，以动物、食品、服饰、幽默常用语或贬损性常用语等近20个门类进行区分。该书参考了约50本出版物，一些出版物的时间可追溯至19世纪60年代。因此，不少当时具有象征意义的词语今天已不再为人们所广泛使用。此外，该书还指出，除了英语，仅有少数其他语言也有如此多的象征词。

大卫 · 朱利斯 (David Jouris)：《地图全貌：美国的非凡地图集》(*All Over the Map: An Extraordinary Atlas of the United States*)，加利福尼亚州伯克利：十速出版社，1994。该书包含33份美国地图，以体育、宗教、行业、动物和音乐等类别对城镇名称进行收录。作者还简要叙述了这些名称的起源背景。书籍风格诙谐幽默，从有趣的视角带领读者了解美国地名。

艾德里安 · 罗姆 (Adrian Room)：《1900—1991年的地名变化》(*Place-Name Changes, 1900—1991*)，新泽西州梅塔钦：稻草人出版公司，1993。

《1900年以来的地名变化：世界地名录》(*Place-Name Changes since 1900: A World Gazetteer*)，新泽西州梅塔钦：稻草人出版公司，1979。

注释

本书作者参考了诸多出版物，包括书籍、专业期刊中的文章，美国、联合国以及其他国家官方或国际组织出版的资料。该清单包含作者使用过的部分文件和补充资料，一些资料收藏于联邦机构的图书馆中，因此获取并非易事。不少注释是在作者供职于美国地名委员会 (U.S. Board on Geographic Names) 和国防制图局 (Defense Mapping Agency) 期间，在不同时间获取的。

索 引

关于作者

理查德·雷尼尔·兰德尔（Richard R. Randall）博士在各专业领域有多年的职业经验，这使他对地名有综合而全面的理解。他曾在土木工程和地理学专业学习，并作为富布莱特学者在奥地利进行相关研究后获得政治地理学博士学位。他曾是美国中央情报局的地理学专家，担任过兰德·麦克纳利公司驻华盛顿代表，还担任过美国国防测绘局首席地理学专家，其间还兼任美国地名委员会及其外国地名分会的执行秘书。在后者任职的20年使兰德尔博士能将其在地理、制图和外语方面广泛的知识应用到委员会承担的工作中，为美国在全球开展官方项目提供精准地名支持。担任执行秘书期间，他负责管理美国地质勘探局和国防测绘局的约50名地名专家，并与九家美国机构的代表开展合作。这一工作使他对地名处理步骤有了充分的理解。另外，他在联合国国际地名标准化项目的开发和执行中也扮演了重要角色。在拉丁美洲国家工作的几年间，他根据自己开发的课程，围绕地名收集和记录的方法进行了两周的授课。他还是测绘和制图、地理、地名等领域的多家专业机构的成员，并被列入《美国名人录》(*Who's Who in America*)。1993年退休以来，兰德尔博士继续参加美国地名委员会和联合国会议，并同美国和国外专业领域的同事开展合作。他长期参与美国和国际地名项目，同时在音乐和文学上有很强烈的兴趣，这都使他能完全胜任该书作者这一角色，揭示地名在定义世界甚至更多方面所发挥的重要作用。